NOTES OF BERLIN

2025

VIEL SPASS BEIM LESEN UND ABREISSEN!

NOTES OF BERLIN IST EINE HOMMAGE
AN ALL DIE NOTIZEN, DIE BERLIN TAGTÄGLICH
IN SEINEM STADTBILD HINTERLÄSST.

HIER KANNST DU NOTES OF BERLIN FOLGEN:

 notesofberlin.com

 @notesofberlin

 @notesofberlin

 Notes of Berlin

 @notesofberlin

UND HIER KANNST DU
EIGENE FUNDSTÜCKE EINREICHEN:

 notes@notesofberlin.com

MYSTERY WOMAN gesucht

Liebe Unbekannte von der Sylvesterfeier in der Manteuffelstraße, in der Nähe vom U-Bahnhof Görlitzer Park, gegen Mitternacht hast du ein sehr schönes Foto gemacht, auf dem ich zufälligerweise zu sehen war. Dieses habe ich nicht aus dem Kopf gekriegt. Da ich es vermasselt habe dich direkt zu fragen ob du es mir schicken könntest, hoffe ich das dich dieser Weg erreicht, ich würde mich sehr freuen! Wenn du dich selbst und das Foto erkennst wäre es unglaublich wenn du es mir schickst!

Die Email Adresse ist:

@gmail. com

Ein frohes Neues wünscht

Hannah :)

MI
1
JAN

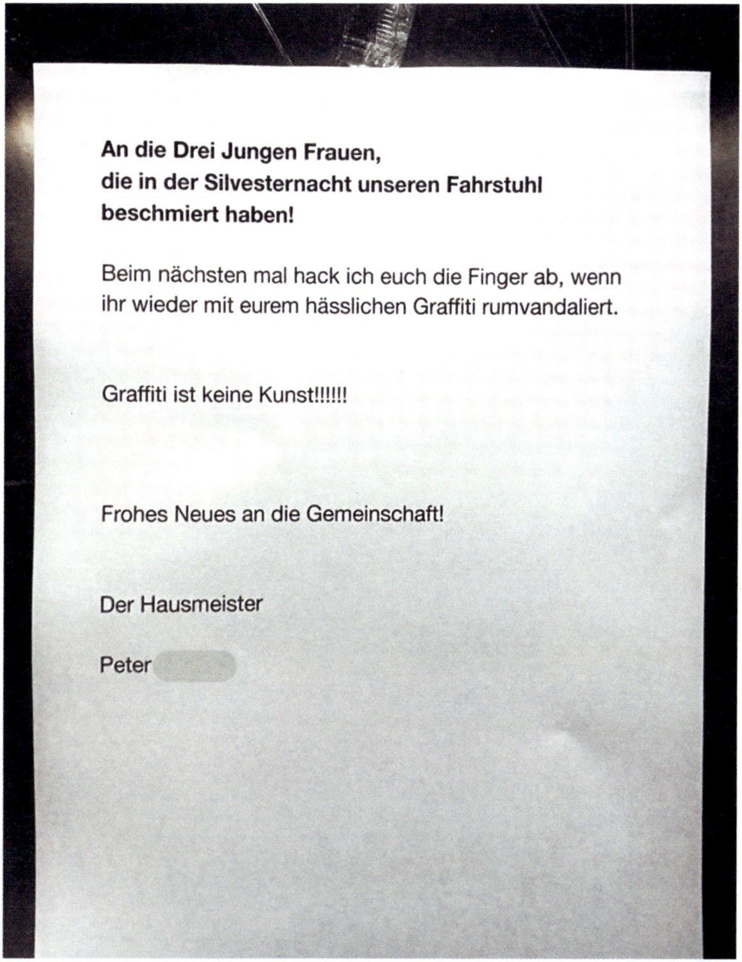

An die Drei Jungen Frauen,
die in der Silvesternacht unseren Fahrstuhl beschmiert haben!

Beim nächsten mal hack ich euch die Finger ab, wenn ihr wieder mit eurem hässlichen Graffiti rumvandaliert.

Graffiti ist keine Kunst!!!!!!

Frohes Neues an die Gemeinschaft!

Der Hausmeister

Peter

Badensche Straße | Wilmersdorf | notesofberlin.com

DO
2
JAN

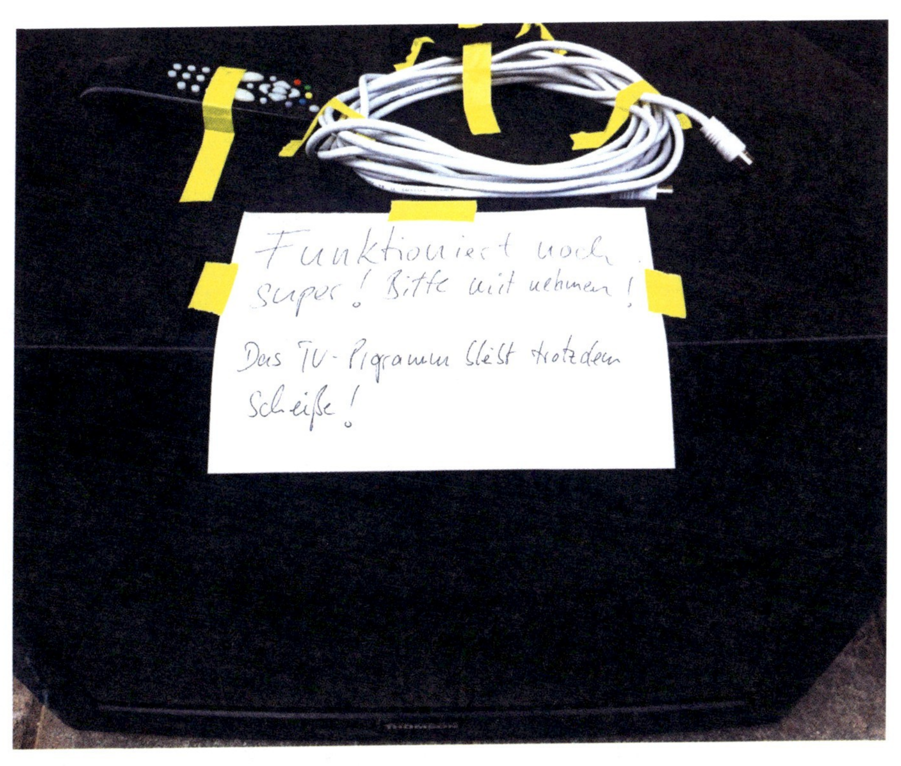

Friedrichshain | notesofberlin.com

FR
3
JAN

Max-Beer-Straße | Mitte | notesofberlin.com

SA
4
JAN

Marzahn | notesofberlin.com

SO
5
JAN

Munsterdamm | Schöneberg | notesofberlin.com

MO
6
JAN

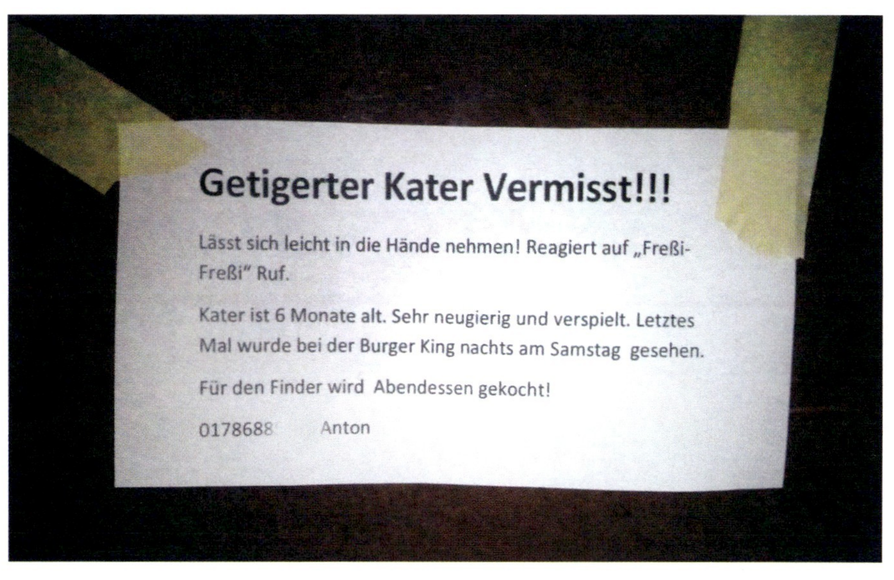

Ganghoferstraße | Neukölln | notesofberlin.com

DI
7
JAN

Rhinower Straße | Prenzlauer Berg | notesofberlin.com

MI
8
JAN

Krefelder Straße | Moabit | notesofberlin.com

DO
9
JAN

AN DAS PAAR IM DRITTEN STOCK!!!

REISST EUCH ZUSAMMEN UND HOLT EUCH NE PAARTHERAPIE

Dieses Geschreie treibt mich langsam in den Wahnsinn! ES IST ZU OFT!!

Wühlischstraße | Friedrichshain | notesofberlin.com

FR
10
JAN

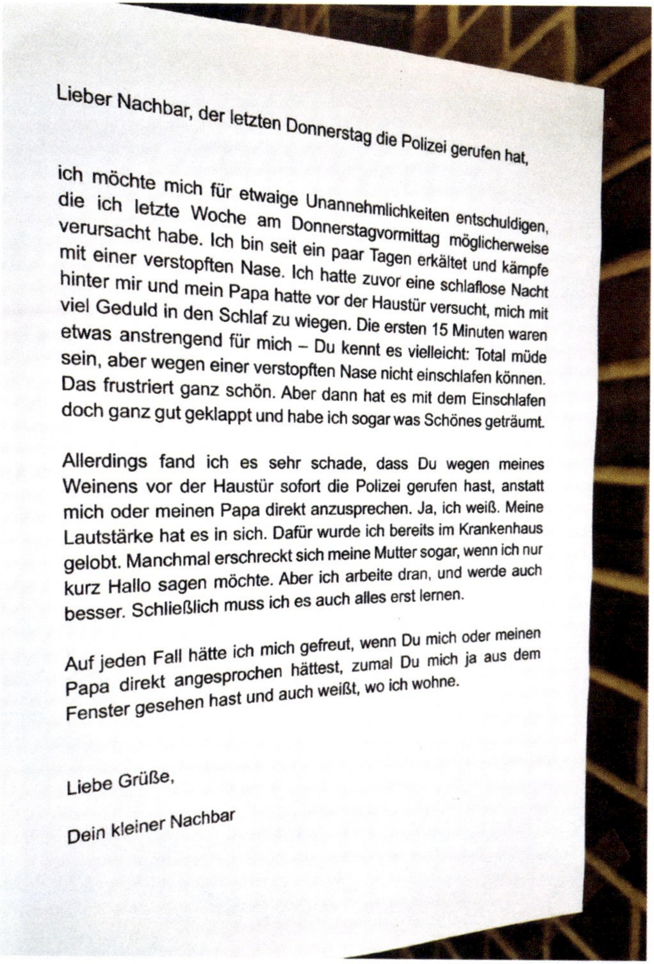

Lieber Nachbar, der letzten Donnerstag die Polizei gerufen hat,

ich möchte mich für etwaige Unannehmlichkeiten entschuldigen, die ich letzte Woche am Donnerstagvormittag möglicherweise verursacht habe. Ich bin seit ein paar Tagen erkältet und kämpfe mit einer verstopften Nase. Ich hatte zuvor eine schlaflose Nacht hinter mir und mein Papa hatte vor der Haustür versucht, mich mit viel Geduld in den Schlaf zu wiegen. Die ersten 15 Minuten waren etwas anstrengend für mich – Du kennt es vielleicht: Total müde sein, aber wegen einer verstopften Nase nicht einschlafen können. Das frustriert ganz schön. Aber dann hat es mit dem Einschlafen doch ganz gut geklappt und habe ich sogar was Schönes geträumt.

Allerdings fand ich es sehr schade, dass Du wegen meines Weinens vor der Haustür sofort die Polizei gerufen hast, anstatt mich oder meinen Papa direkt anzusprechen. Ja, ich weiß. Meine Lautstärke hat es in sich. Dafür wurde ich bereits im Krankenhaus gelobt. Manchmal erschreckt sich meine Mutter sogar, wenn ich nur kurz Hallo sagen möchte. Aber ich arbeite dran, und werde auch besser. Schließlich muss ich es auch alles erst lernen.

Auf jeden Fall hätte ich mich gefreut, wenn Du mich oder meinen Papa direkt angesprochen hättest, zumal Du mich ja aus dem Fenster gesehen hast und auch weißt, wo ich wohne.

Liebe Grüße,

Dein kleiner Nachbar

Mitte | notesofberlin.com

SA
11
JAN

Heinrich-Heine-Straße | Mitte | notesofberlin.com

SO
12
JAN

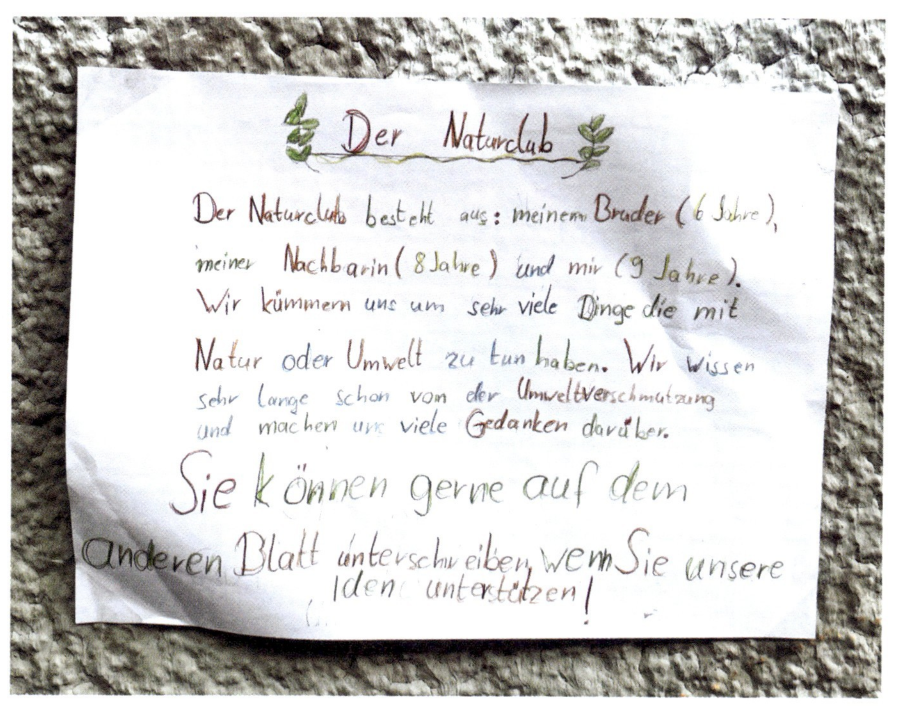

Senefelder Straße | Prenzlauer Berg | notesofberlin.com

MO
13
JAN

Opernviertel | Charlottenburg | notesofberlin.com

DI
14
JAN

Berliner Straße | Pankow | notesofberlin.com

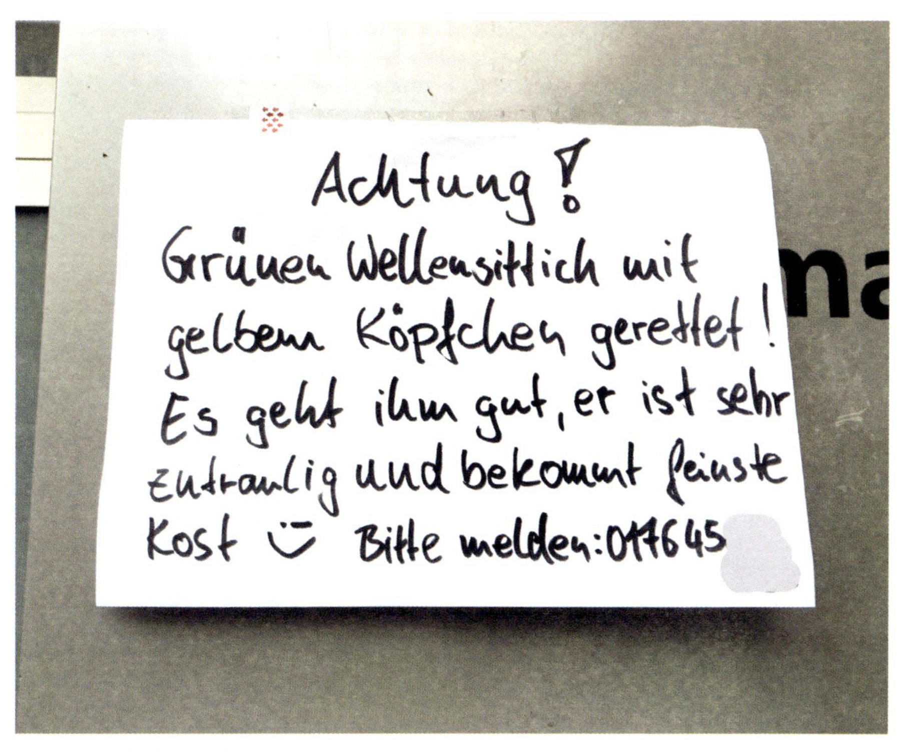

Flughafenstraße | Neukölln | notesofberlin.com

DO
16
JAN

Die Benutzung
der
Toilettenbürste
ist

KOSTENLOS

und verpflichtet
sie zu nichts!!!

Charité | Mitte | notesofberlin.com

FR
17
JAN

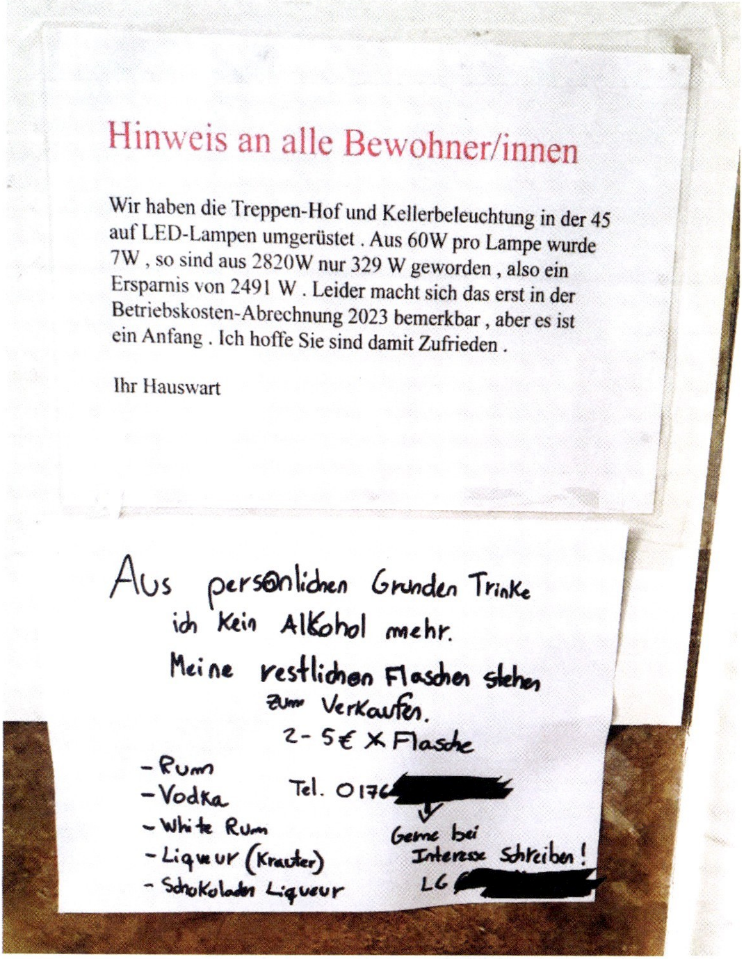

Hinweis an alle Bewohner/innen

Wir haben die Treppen-Hof und Kellerbeleuchtung in der 45 auf LED-Lampen umgerüstet . Aus 60W pro Lampe wurde 7W , so sind aus 2820W nur 329 W geworden , also ein Ersparnis von 2491 W . Leider macht sich das erst in der Betriebskosten-Abrechnung 2023 bemerkbar , aber es ist ein Anfang . Ich hoffe Sie sind damit Zufrieden .

Ihr Hauswart

Aus persönlichen Gründen Trinke ich Kein Alkohol mehr.
Meine restlichen Flaschen stehen zum Verkaufen.
2-5€ X Flasche

- Rum
- Vodka
- White Rum
- Liqueur (Kräuter)
- Schokoladen Liqueur

Tel. 0176

Gerne bei Interesse Schreiben!
LG

Stuttgarter Straße | Neukölln | notesofberlin.com

SA
18
JAN

Pflügerstraße | Neukölln | notesofberlin.com

SO
19
JAN

Schillerkiez | Neukölln | notesofberlin.com

MO
20
JAN

Pappelallee | Prenzlauer Berg | notesofberlin.com

DI
21
JAN

Urbanstraße | Kreuzberg | notesofberlin.com

MI
22
JAN

Lieber Vollpfosten!
Du hast mein Fahrrad
angeschlossen und mich
dazu verdammt zu Fuß zu
gehen, wie der gemeine
Pöbel! Ich hasse dich!!!
Ich habe deinem Fahrrad
einen saftigen Tritt verpasst –
Entschuldigung... der Tritt galt
natürlich Dir, aber du warst
nicht da!
P.S.: Sollte dies ein perfieder Plan sein
mein Fahrrad zu klauen – Hut ab!
Mögen Dir die Eier abfaulen! Ich hasse
dich!

Treptow | notesofberlin.com

DO
23
JAN

Friedrichshain | notesofberlin.com

♡ 24/1/24

Liebe Nachbarn,

Wir (2OG Rechts) ziehen nächste Woche aus und wollten uns kurz bei Ihnen allen für die tolle Nachbarschaft bedanken!

Leider müssen wir aufgrund einer Eigenbedarfskündigung ausziehen, aber wir hatten die schönste Zeit unseres Leben hier in den letzen 4 Jahren und sind sehr dankbar.

Wenn Sie möchten, können Sie gerne am Wochenende vorbeikommen, um sich zu verabschieden.
(wir verkaufen auch einige Sache)

Wir wünsche euch ALLES GUTE, wir werden dieses Gebäude nie vergessen.

#GNS1FOREVER

FR
24
JAN

Zoologischer Garten | Charlottenburg | notesofberlin.com

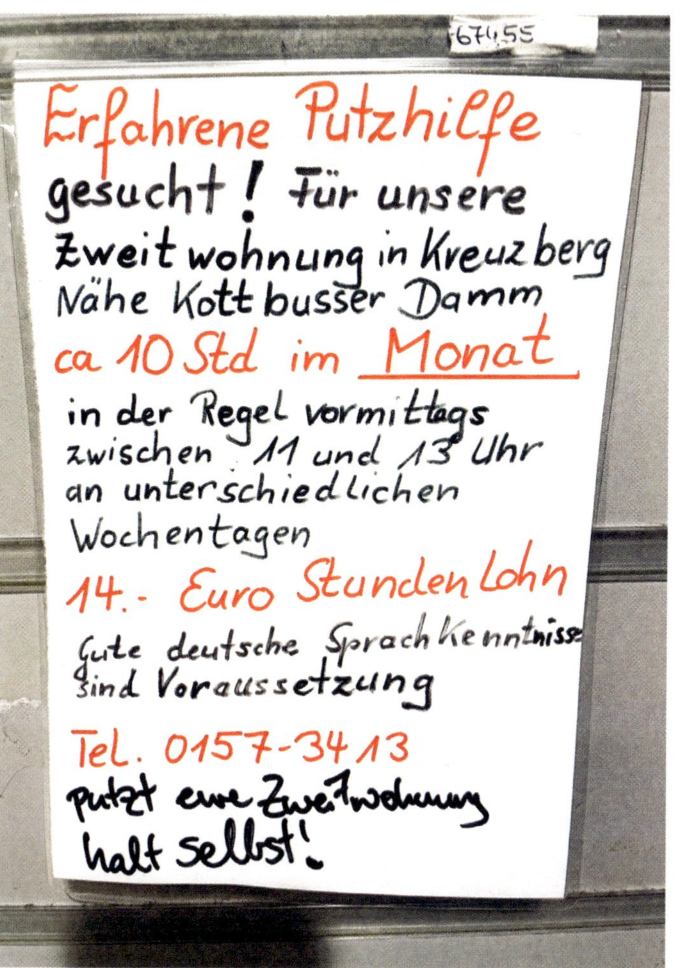

Karl-Marx-Straße | Neukölln | notesofberlin.com

SO
26
JAN

Moabit | notesofberlin.com

MO
27
JAN

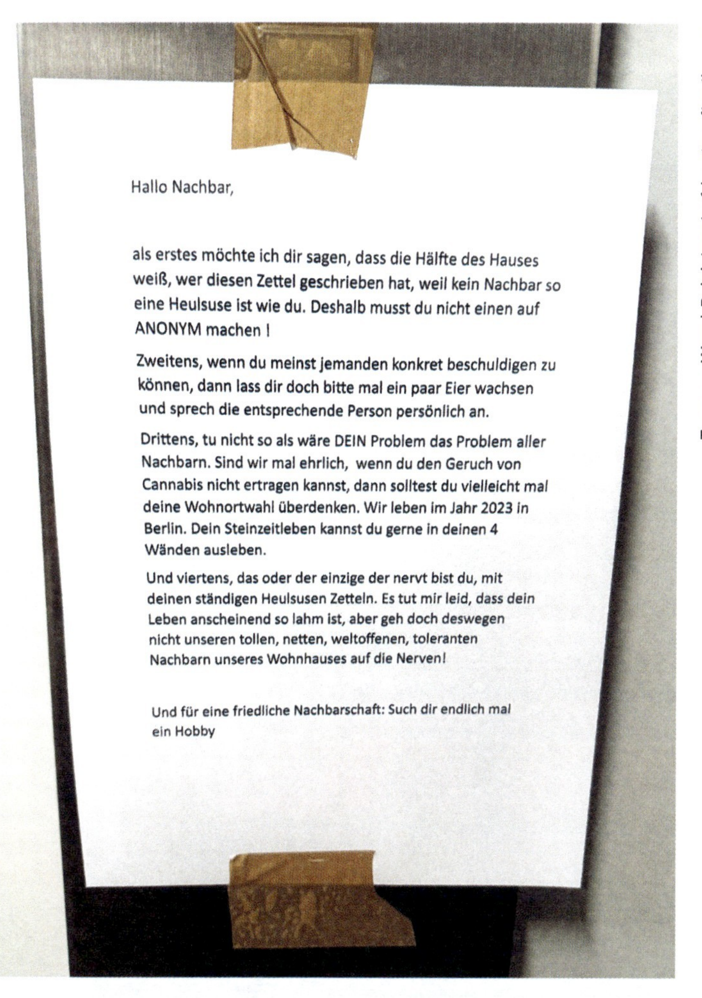
Hallo Nachbar,

als erstes möchte ich dir sagen, dass die Hälfte des Hauses weiß, wer diesen Zettel geschrieben hat, weil kein Nachbar so eine Heulsuse ist wie du. Deshalb musst du nicht einen auf ANONYM machen !

Zweitens, wenn du meinst jemanden konkret beschuldigen zu können, dann lass dir doch bitte mal ein paar Eier wachsen und sprech die entsprechende Person persönlich an.

Drittens, tu nicht so als wäre DEIN Problem das Problem aller Nachbarn. Sind wir mal ehrlich, wenn du den Geruch von Cannabis nicht ertragen kannst, dann solltest du vielleicht mal deine Wohnortwahl überdenken. Wir leben im Jahr 2023 in Berlin. Dein Steinzeitleben kannst du gerne in deinen 4 Wänden ausleben.

Und viertens, das oder der einzige der nervt bist du, mit deinen ständigen Heulsusen Zetteln. Es tut mir leid, dass dein Leben anscheinend so lahm ist, aber geh doch deswegen nicht unseren tollen, netten, weltoffenen, toleranten Nachbarn unseres Wohnhauses auf die Nerven!

Und für eine friedliche Nachbarschaft: Such dir endlich mal ein Hobby

Tramper Weg | Reinickendorf | notesofberlin.com

DI
28
JAN

Kleingartenanlage Lange Gurke | Adlershof | notesofberlin.com

Friedrichshain | notesofberlin.com

DO
30
JAN

Hermannstraße | Neukölln | notesofberlin.com

FR
31
JAN

Liebe Leute,
hier ist NICHT
die Hautärztin
und NICHT
der Lichtschalter
und NICHT
der Aufzugknopf
sondern eine
PRIVAT-Wohnung.
Bitte nur klingeln, wenn
wirklich wir gemeint sind.

Danke :)

Hohenzollerndamm | Wilmersdorf | notesofberlin.com

SA
1
FEB

LIEBE NACHBARN,
ich vermisse seit
gestern meine
PIZZA.
Ich habe Sie
kurz im Haus-
flur liegen
gelassen. Stellt
mir Die doch bitte
wieder vor die
Tür. DANKE
ANDI

für
hnee- beseiti
ührt auf de und Eisglätt
6 35 oder 03
Immobilien

Graefestraße | Kreuzberg | notesofberlin.com

SO
2
FEB

Rollbergstraße | Neukölln | notesofberlin.com

MO
3
FEB

Soldinerstraße | Gesundbrunnen | notesofberlin.com

DI
4
FEB

Schlesische Straße | Kreuzberg | notesofberlin.com

MI
5
FEB

Waidmannslust | notesofberlin.com

DO
6
FEB

UKW. Digital. Und jetzt auch auf Tape.
FLUX FM
Die Alternative im Radio.
FLUX FM
100,6
100,6
FLUX

Wedding | notesofberlin.com

FR
7
FEB

Friedrichshain | notesofberlin.com

SA
8
FEB

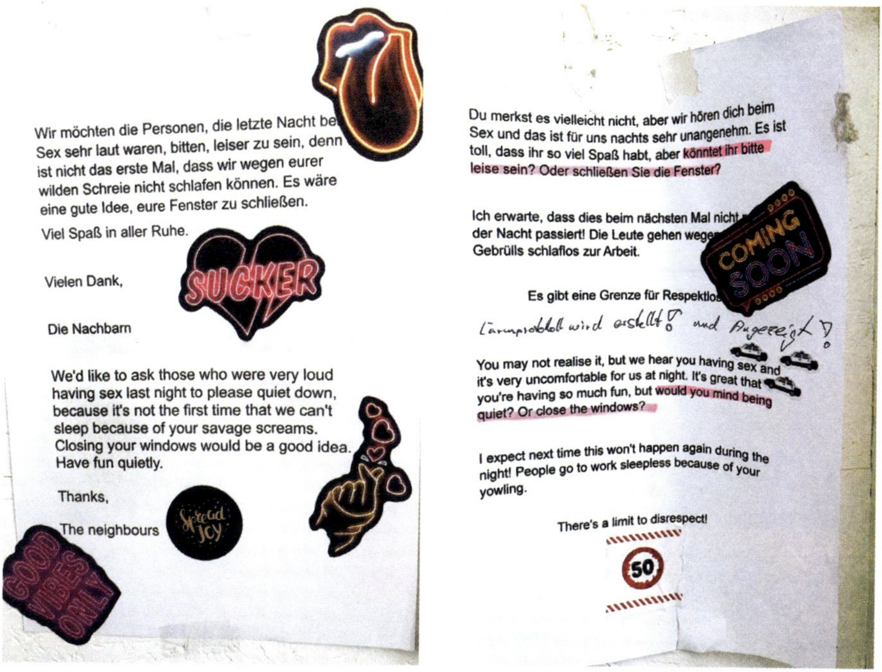
Wir möchten die Personen, die letzte Nacht be
Sex sehr laut waren, bitten, leiser zu sein, denn
ist nicht das erste Mal, dass wir wegen eurer
wilden Schreie nicht schlafen können. Es wäre
eine gute Idee, eure Fenster zu schließen.
Viel Spaß in aller Ruhe.
Vielen Dank,
Die Nachbarn
SUCKER
We'd like to ask those who were very loud
having sex last night to please quiet down,
because it's not the first time that we can't
sleep because of your savage screams.
Closing your windows would be a good idea.
Have fun quietly.
Thanks,
The neighbours
Spread Joy
GOOD VIBES ONLY
Du merkst es vielleicht nicht, aber wir hören dich beim
Sex und das ist für uns nachts sehr unangenehm. Es ist
toll, dass ihr so viel Spaß habt, aber könntet ihr bitte
leise sein? Oder schließen Sie die Fenster?
Ich erwarte, dass dies beim nächsten Mal nicht
der Nacht passiert! Die Leute gehen wege
Gebrülls schlaflos zur Arbeit.
COMING SOON
Es gibt eine Grenze für Respektlos
Lärmprotokoll wird erstellt! und Angezeigt!
You may not realise it, but we hear you having sex and
it's very uncomfortable for us at night. It's great that
you're having so much fun, but would you mind being
quiet? Or close the windows?
I expect next time this won't happen again during the
night! People go to work sleepless because of your
yowling.
There's a limit to disrespect!
50

Moabit | notesofberlin.com

SO
9
FEB

Liebe Nachbarn aus dem VH,
mein Sohn Neo hatte in der Zwischentreppe vom EG zum 1.OG diese „Kokainkapsel" im Mund...
Hat hier jemand vielleicht was gesehen?
Sowas muss natürlich echt nicht sein!

Prenzlauer Allee | Prenzlauer Berg | notesofberlin.com

MO
10
FEB

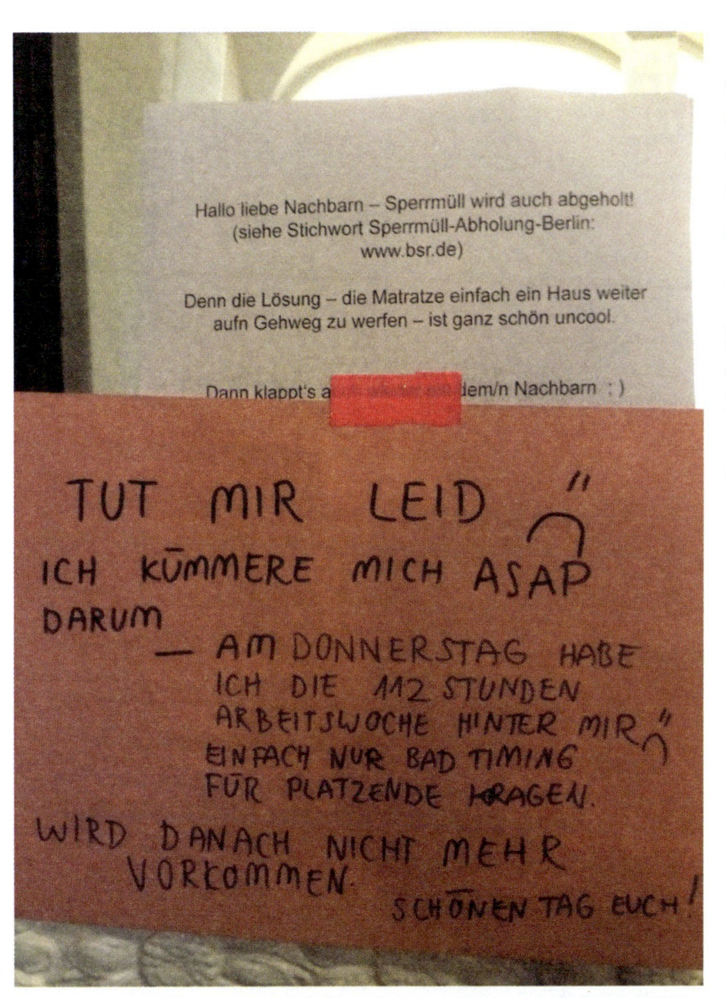

Hufelandstraße | Prenzlauer Berg | notesofberlin.com

DI
11
FEB

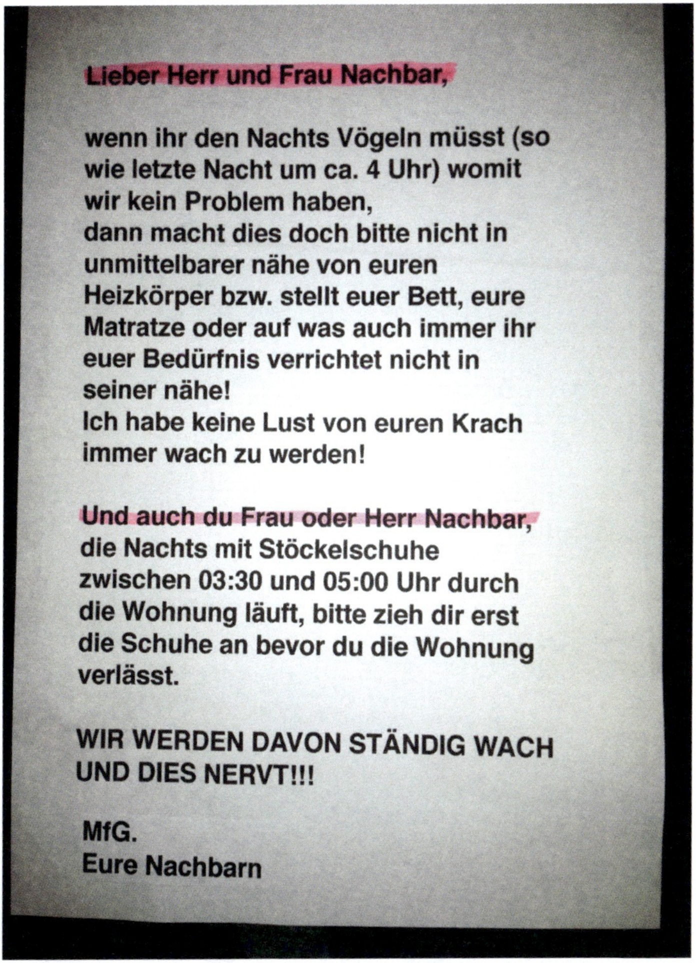

Lieber Herr und Frau Nachbar,

wenn ihr den Nachts Vögeln müsst (so
wie letzte Nacht um ca. 4 Uhr) womit
wir kein Problem haben,
dann macht dies doch bitte nicht in
unmittelbarer nähe von euren
Heizkörper bzw. stellt euer Bett, eure
Matratze oder auf was auch immer ihr
euer Bedürfnis verrichtet nicht in
seiner nähe!
Ich habe keine Lust von euren Krach
immer wach zu werden!

Und auch du Frau oder Herr Nachbar,
die Nachts mit Stöckelschuhe
zwischen 03:30 und 05:00 Uhr durch
die Wohnung läuft, bitte zieh dir erst
die Schuhe an bevor du die Wohnung
verlässt.

WIR WERDEN DAVON STÄNDIG WACH
UND DIES NERVT!!!

MfG.
Eure Nachbarn

Friedrichshain | notesofberlin.com

MI
12
FEB

Brunnenstraße | Mitte | notesofberlin.com

DO
13
FEB

Ebertystraße | Friedrichshain | notesofberlin.com

FR
14
FEB

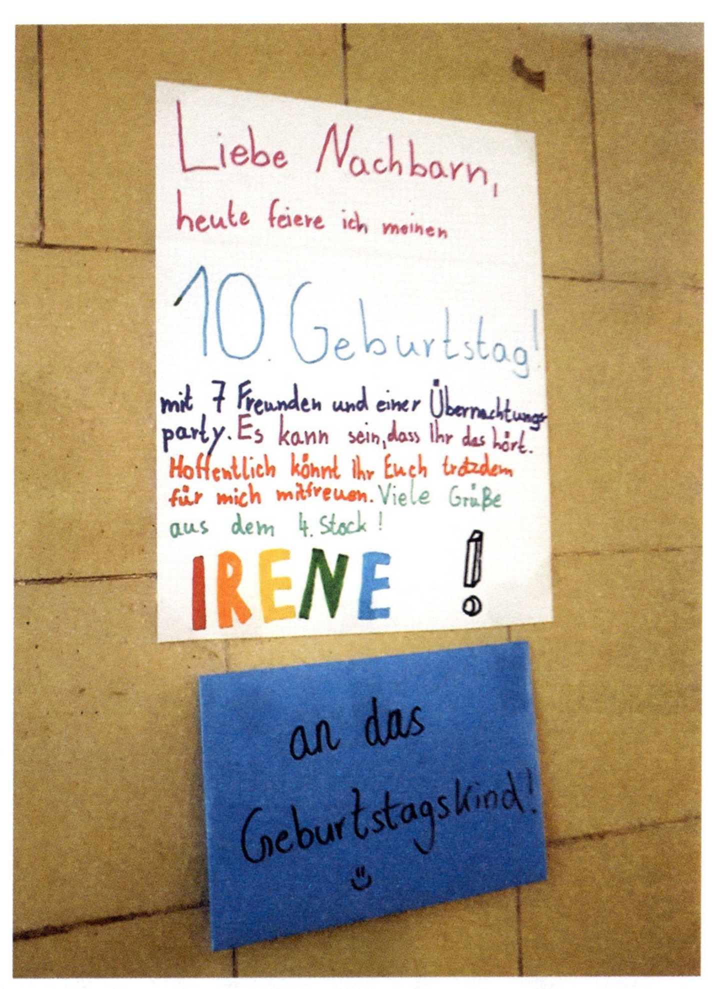

Wilmersdorf | notesofberlin.com

SA
15
FEB

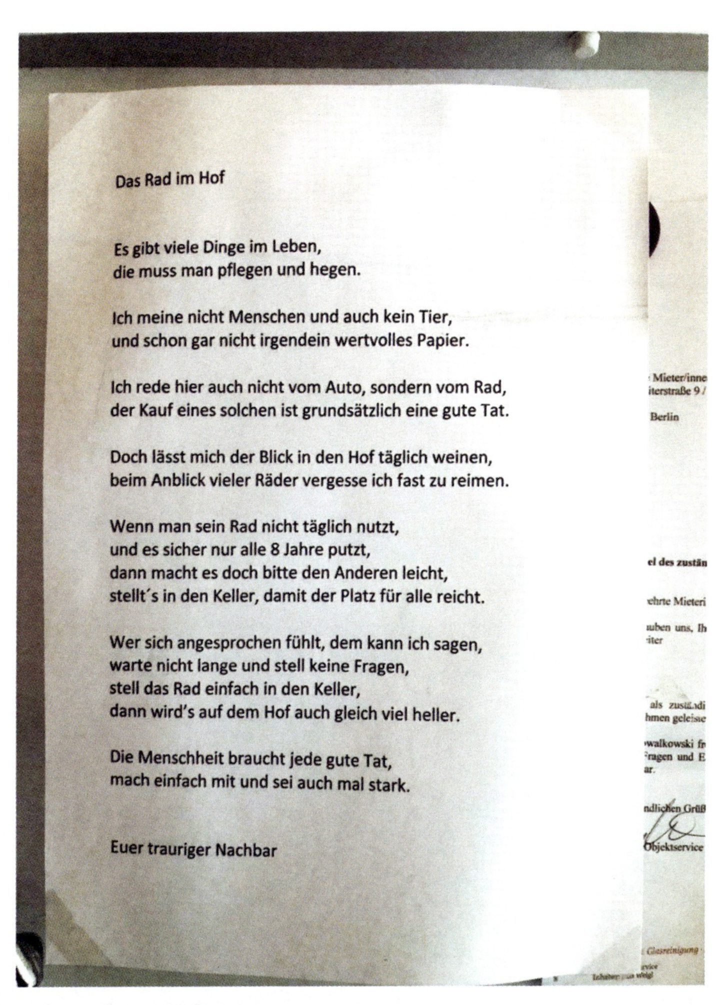

Das Rad im Hof

Es gibt viele Dinge im Leben,
die muss man pflegen und hegen.

Ich meine nicht Menschen und auch kein Tier,
und schon gar nicht irgendein wertvolles Papier.

Ich rede hier auch nicht vom Auto, sondern vom Rad,
der Kauf eines solchen ist grundsätzlich eine gute Tat.

Doch lässt mich der Blick in den Hof täglich weinen,
beim Anblick vieler Räder vergesse ich fast zu reimen.

Wenn man sein Rad nicht täglich nutzt,
und es sicher nur alle 8 Jahre putzt,
dann macht es doch bitte den Anderen leicht,
stellt´s in den Keller, damit der Platz für alle reicht.

Wer sich angesprochen fühlt, dem kann ich sagen,
warte nicht lange und stell keine Fragen,
stell das Rad einfach in den Keller,
dann wird's auf dem Hof auch gleich viel heller.

Die Menschheit braucht jede gute Tat,
mach einfach mit und sei auch mal stark.

Euer trauriger Nachbar

Friedrichshain | notesofberlin.com

SO
16
FEB

An den Hundebesitzer/die Person, die an meine Tür pisst:
(das ~~2~~ 3. Mal) 4!!!???
Ich wäre dir sehr verbunden, wenn du/dein Hund das unterlassen könntest.
Ein bisschen Anstand sollte man doch noch erwarten dürfen... auch in Berlin.
Danke!

To whoever owns a dog in the building: Pls make sure your dog isn't pissing at anyone's door!

Amsterdamer Straße | Wedding | notesofberlin.com

MO
17
FEB

Schönhauser Allee | Prenzlauer Berg | notesofberlin.com

DI
18
FEB

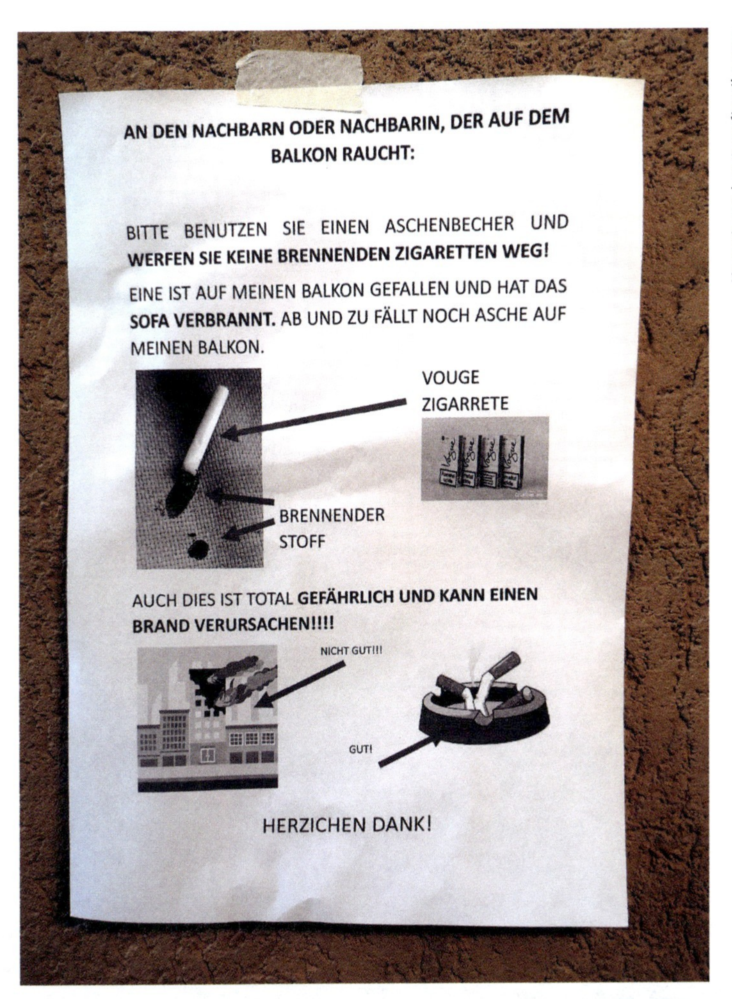

Kreuzberg | notesofberlin.com

MI
19
FEB

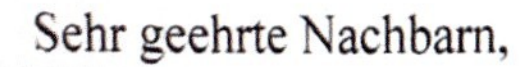

Sehr geehrte Nachbarn,

Hiermit entschuldige ich mich für die Lautstärke nach 22Uhr von unserer Wohnung aus. Ich habe mir meinen Eltern ausgemacht das ich ab 21Uhr nicht mehr am Computer spiele. Ich bitte um nochmals um für Verzeihung für die Lautstärke. Und danke ihnen das sie nicht sofort die Polizei alarmiert haben.

mit Dankbaren Grüßen der
zu laute Nachbar.

Torstraße | Mitte | notesofberlin.com

Liebesbeweis

Ich netter Goldschmied suche
eine liebevolle,
kuschlige, einfühlsame, feine,
große, mittlere oder auch
kleine,
junge oder auch alte
Wohlfühl-Oase
in diesem zauberhaften Kiez.
Bitte melden unter
030 21961

für eine tolle Überraschung ist gesorgt.

Neue Kulmer Straße | Schöneberg | notesofberlin.com

FR
21
FEB

Senatsverwaltung für Bildung, Jugend und Familie
BERLIN
GESUCHT!
Du!
Und weißt du auch warum?
Weil du studierst und wir eine Spitzenidee haben, wie du dich jetzt schon einbringen kannst:
Schon während des Studiums an einer Berliner Schule arbeiten.
Das geht? fragst du.
Das geht! sagen wir.
Unterstütze dein zukünftiges Kollegium und übernimm Verantwortung.
Übrigens verbeamtet Berlin wieder.
Alle Infos unter:
servicestelle@senbjf.berlin.de | Fon 030 90227 5577
machberlingross.de
Informiere dich auch beim Berlin-Tag:
berlin-tag.berlin

Danke für meine Uhr!

Du hast mir am Samstag (18.2.2023) meine Uhr beim Aussteigen zurückgegeben, die ich verloren hatte.

Als Dankeschön würde ich Dich gerne auf einen Kaffee einladen.

@gmail.com

Kolonnenstraße | Schöneberg | notesofberlin.com

Liebe Nachbarin mit
der „Starken Stimme"!

Es ist toll seine musikalische
Saite auszuleben, aber dass
grenzt an Körperverletzung!
Wir können es nicht mehr
„hören"!
Bitte singen Sie etwas Leiser,
um nicht alle Nachbarn zu nerven.
Es ist unerträglich jeden Tag!
Mit freundlichen Grüßen
ein genervter Nachbar!!!

Löwestraße | Friedrichshain | notesofberlin.com

SO
23
FEB

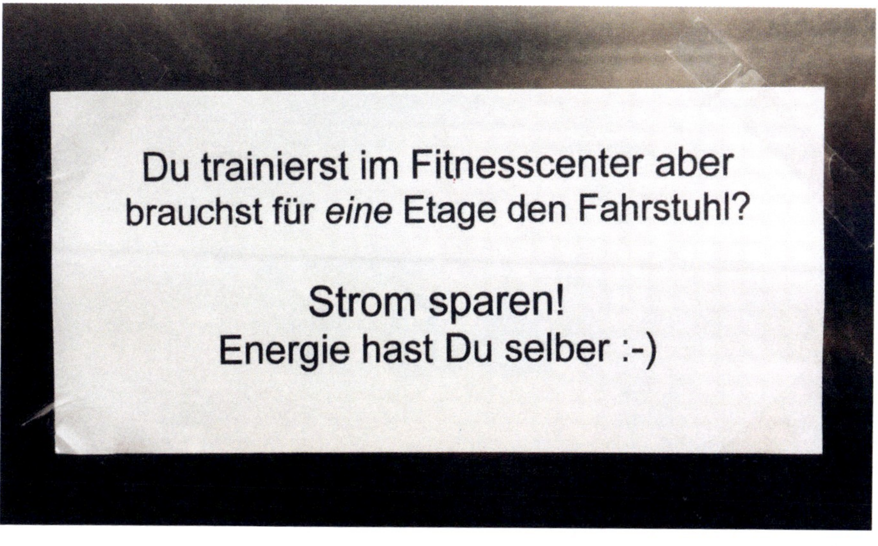

Bergmannstraße | Kreuzberg | notesofberlin.com

MO
24
FEB

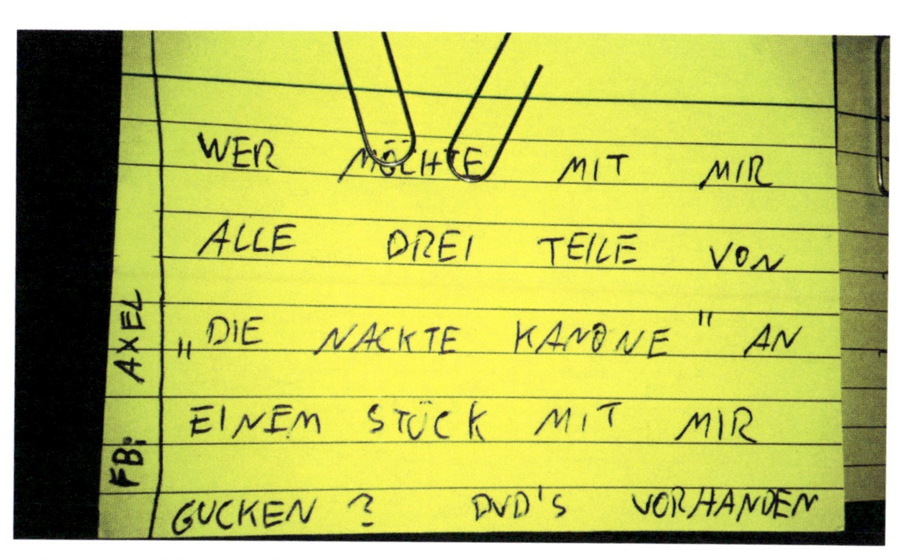

Weisestraße | Neukölln | notesofberlin.com

SPICKER GEFÄLLIG?

Ich verkaufe meine ORIGINAL-SPICKER (handgeschrieben)

- Analysis I/II für Ingenieure
- Lineare Algebra für Ingenieure
- Numerische Mathematik f. Ingenieure
- Differentialgleichungen für Ingenieure

mit denen ich alle Prüfungen bestanden habe. Einen richtigen Spicker anzufertigen dauert sehr lange, wenn er gut sein soll. Falls du kurz vor der Klausur stehen solltest, meld dich schnell bei mir!

TU Berlin | Charlottenburg | notesofberlin.com

MI
26
FEB

Tucholskystraße | Mitte | notesofberlin.com

DO
27
FEB

Liebe Bewona,
Wir suchen einen
Wellensittich, er ist
Grün und hat auch
ein bisen Blau.
Sein Name ist Max.
Rufen sie Bitte an,
015785352
Bitte sagen sie,
Wir haben euren
vogel gefunden.
Bitte,
Bitte,
Bitte,
Bitte,
Bitte

Karl-Marx-Allee | Friedrichshain | notesofberlin.com

FR
28
FEB

Liebe Nachbarn,

es ist schön, dass Sie ABBA-Fan sind, aber mind. 1x am Tag die gesamte CD auf volle Lautstärke – muss bitte <u>NICHT</u> sein!

Danke vom Haus gegenüber!!!

Alt-Tegel | notesofberlin.com

SA
1
MÄR

Ich suche ...

Neue Freunde auf die man
sich verlassen kann
Junge oder mädchen egal
Wichtig! im alter von 14, 15, 16
gute deutsch kenntnisse
wohnort Reinickendorf

Straße

Berlin
Ort

Louis
Name

015788
Telefon

(Bitte schreiben Sie das Ausstellungsdatum auf die Karte.
Karten ohne Datum werden aussortiert – Aushangzeit 14 Tage.)

20.01.24
Datum

Kaufland

Reinickendorf | notesofberlin.com

SO
2
MÄR

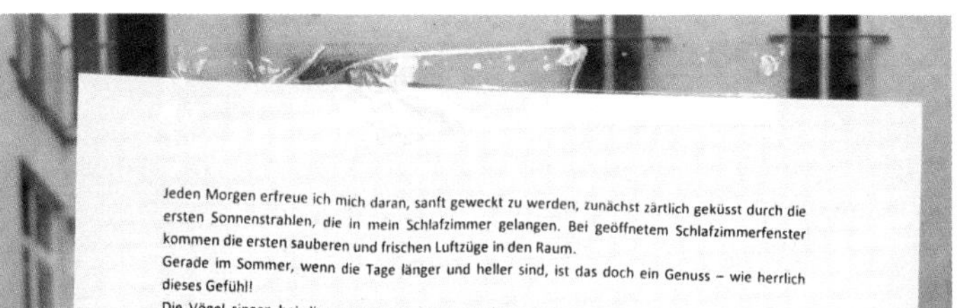

Jeden Morgen erfreue ich mich daran, sanft geweckt zu werden, zunächst zärtlich geküsst durch die ersten Sonnenstrahlen, die in mein Schlafzimmer gelangen. Bei geöffnetem Schlafzimmerfenster kommen die ersten sauberen und frischen Luftzüge in den Raum.
Gerade im Sommer, wenn die Tage länger und heller sind, ist das doch ein Genuss – wie herrlich dieses Gefühl!
Die Vögel singen bei diesem sonnigen Wetter und den warmen Temperaturen ihr morgendliches Lied – wie schön! Dabei bietet der Innenhof der ████straße 31/33 doch durchaus eine äußerst gelungene Geräuschkulisse dieser tierischen Gesänge und des Konzerts unserer gefiederten Freunde, nicht wahr?
Eine kleine Operette aus Naturschauspiel und –geräuschen erwartet hier einen.

Und dann, **jeden Morgen beginnend um etwa 6:30–7:00 Uhr**, erklingt das Crescendo:

Der Raucherhusten!

...und schon beginnt der Tag eher gerädert und genervt...

Denn abgesehen davon, dass dieser extreme, allmorgendliche Husten mit schleimigem Geröchel eines Unbekannten in diesem Haus nicht nur extrem ekelhaft ist, dauert dieser vergebliche Selbstreinigungsprozess der Lunge nicht selten bis zu etwa einer Stunde, ohne Pause! Am frühen Morgen ist das stark nervtötend, zudem kommt Ekel auf; das wiederum kommt beim Frühstück nicht sonderlich gut und garantiert zweifellos keinen wirklich guten Start in den Tag.
Vor allem aber ist dieser Zustand noch äußerst besorgniserregend – klingt, als wären 10 Teermaschinen über die Lunge gefahren, mindestens klingt das alles aber stark nach Lungenkrebs im Endstadium.
Aber auch wenn es sich nicht um einen Raucher handelt, und daran habe ich eigentlich keinen Zweifel, und es sich stattdessen um eine andersartige Lungenkrankheit handelt, ist der Zustand nicht weniger besorgniserregend.

Ich spreche außerdem davon, dass es auch noch Anwohner gibt, die abends/nachts arbeiten müssen und somit erst morgens den ersten Schlaf nach getaner Arbeit bekommen. Dieser Husten aber raubt einem den Schlaf!

In diesem Sinne, an den allmorgendlichen Extremhuster in der ████straße 31/33, eine gut gemeinte Empfehlung:
Mit dem Rauchen aufhören, dringendst einen Arzt aufsuchen, oder beides! – *„Dann klappt's auch mit dem Nachbarn!"*

Mit freundlichem Gruß

Ein gleichermaßen extrem genervter und angewiderter als auch ernsthaft um die Gesundheit des Betroffenen besorgter Anwohner in der ████straße 31/33

Friedrichshain | notesofberlin.com

MO
3
MÄR

Falls Sie zum Zeitpunkt der nächsten Zustellung/Abholung nicht anwesend sein sollten, können Sie diese Karte unterschrieben und für den Zusteller deutlich sichtbar und erreichbar hinterlassen.

Einmalige Vollmacht!

Wichtiger Hinweis: Identservice-Sendungen und Sendungen von Versandapotheken ausgeschlossen!

4.000.149/05.13

☒ 1. Die Sendung(en) soll(en) bei ~~folgendem~~ Nachbarn abgegeben/abgeholt werden:

irgendein Nachbar

Name/Firma

Anklamer Str. 56

Straße/Nr.

☐ 2. Ich bin mit dem Ablegen der Sendung(en) ohne Quittung einverstanden. Ich erkläre ausdrücklich, dass das Ablegen von mir angewiesen und auf meine Gefahr vorgenommen wird. **Wichtiger Hinweis: Nachnahme-Sendungen ausgeschlossen!**

Im Falle von Verlust oder Beschädigung dieser von mir nicht quittierten Sendung(en) werde ich weder gegen die Zusteller noch gegen die Firma Hermes Logistik Gruppe Deutschland GmbH noch gegen das Versandhaus/den Auftraggeber Ansprüche irgendwelcher Art geltend machen. Mir ist bekannt, dass ein Anspruch des Versandhauses/des Auftraggebers auf Bezahlung der in dieser Form zugestellten Sendung(en) auch bei Verlust/Beschädigung bestehen bleibt.

Die Sendung(en) soll(en) an folgender Stelle abgelegt werden:

Datum Telefon Name (Druckbuchstaben) Unterschrift

Sie erreichen uns rund um die Uhr unter der Rufnummer 01806-33 33 25.
(Festnetz 20 Cent/Anruf, Mobilfunk max. 60 Cent/Anruf)

Hermes

Anklamer Straße | Mitte | notesofberlin.com

RAW-Gelände | Friedrichshain | notesofberlin.com

MI
5
MÄR

Neukölln | notesofberlin.com

DO
6
MÄR

Alter Bernauer Heerweg | Reinickendorf | notesofberlin.com

FR
7
MÄR

Neukölln | notesofberlin.com

SA
8
MÄR

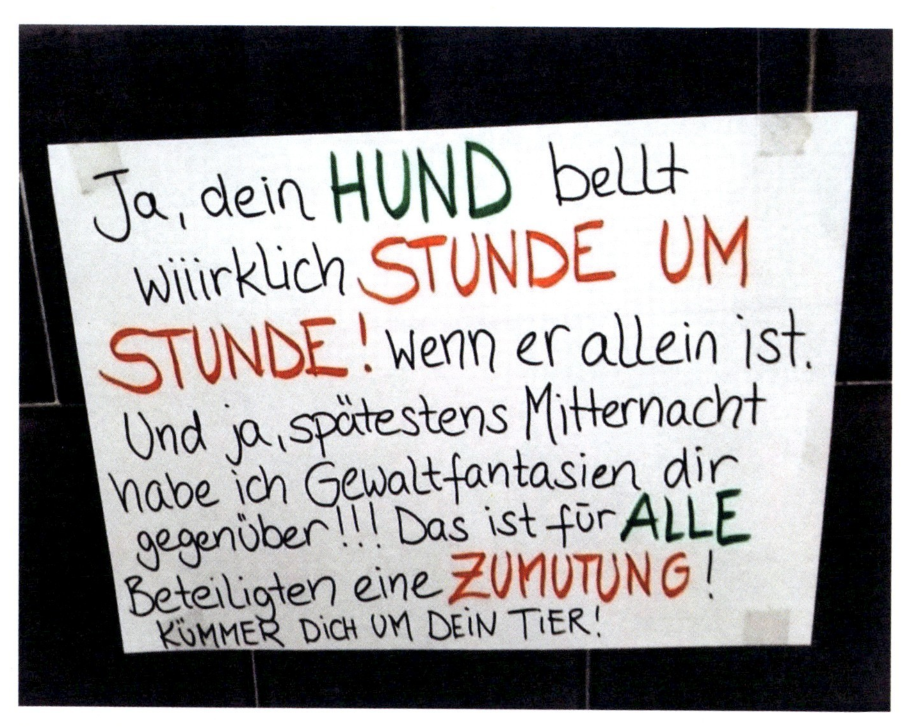

Mareschstraße | Neukölln | notesofberlin.com

SO
9
MÄR

Kreutzigerstraße | Friedrichshain | notesofberlin.com

MO
10
MÄR

Friesenstraße | Kreuzberg | notesofberlin.com

DI
11
MÄR

Müllerstraße | Wedding | notesofberlin.com

MI
12
MÄR

Derjenige der in den
Fahrstuhl
Gepisst hat soll
Den sauber machen!

Du verdammter Hund
wen ich dich
bekomme gehe ich
mit dir gassi

Yorckstraße | Schöneberg | notesofberlin.com

DO
13
MÄR

Sehr geehrter Herr Vampir
Ich sach ma: Besser ne Taube
als wir.

Doch nun können sie die
Zeit ja nutzen
um die Reste weg zu putzen!
Ich bin sicher der Vogel war
zart und gut,
doch in's Treppenhaus gehört
einfach kein Blut!

... und Federn
auch nicht.

Danke ☺

Samariterstraße | Friedrichshain | notesofberlin.com

FR
14
MÄR

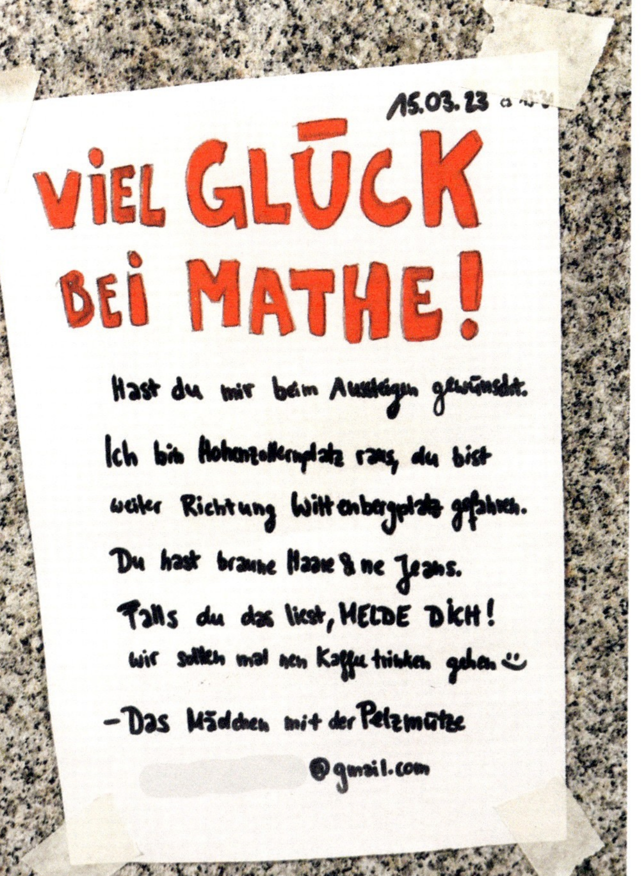

U-Bahnhof Rüdersheimer Platz | Wilmersdorf | notesofberlin.com

SA
15
MÄR

Liebe Nachbarinnen und Nachbarn

Heute sind wir mit der Überraschung aufgewacht, dass sich jemand übergeben hat und sein Erbrochenes direkt in unserem Fenster gelandet ist. Das nächste Mal werden wir uns bedanken, wenn sich jeder in seinem eigenen Haus erbricht.

Grundregeln des Zusammenlebens!

Ich hoffe, dass dies das einzige Mal ist, dass so etwas passiert.

Vielen Dank für Ihre Aufmerksamkeit

Mitte | notesofberlin.com

SO
16
MÄR

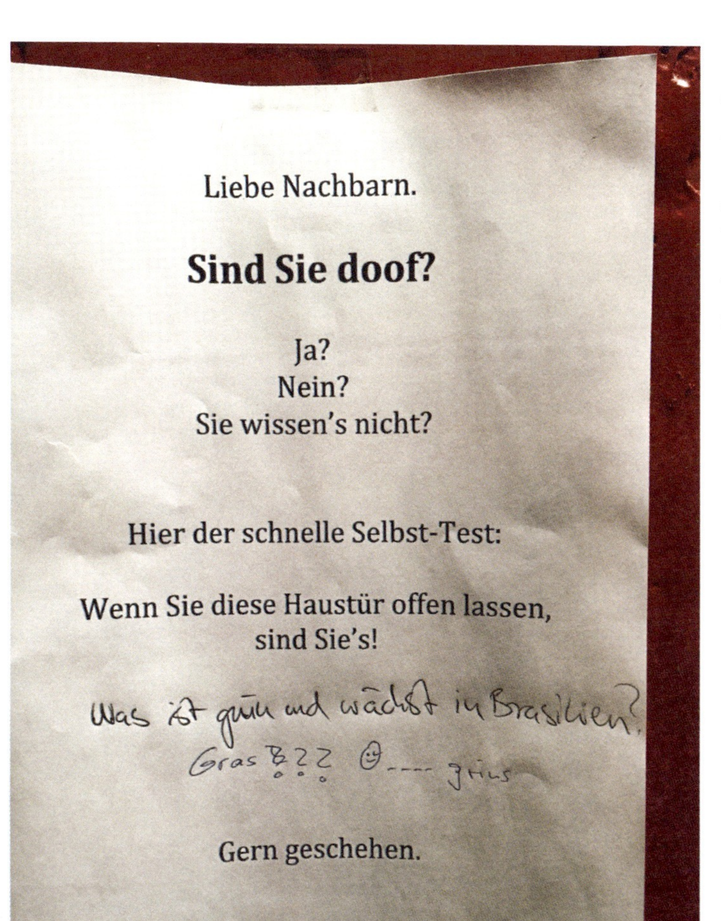

Friedrichshain | notesofberlin.com

MO
17
MÄR

speziell für Ihre Mieteranliegen sowie für
Post- und Paketzustellungen

Das Bekleben von Wänden, Türen und dem
Schaukasten ist strengstens untersagt

Sorry für
den Lärm
mein
(Ex)-Freund
ist ein
A-Loch

Cantianstraße | Prenzlauer Berg | notesofberlin.com

DI
18
MÄR

Friedrichstraße | Mitte | notesofberlin.com

Liebe Nachbarn

Ich feier am Samstag meinen 10. Geburtstag. Falls es euch zu laut wird, gebt becheid oder kommt am besten gleich auf einen Cocktail vorbei.

Liebe Grüße eure Gerda

Ps: Die Party geht von 16:00 bis 21:00.

Paul-Lincke-Ufer | Kreuzberg | notesofberlin.com

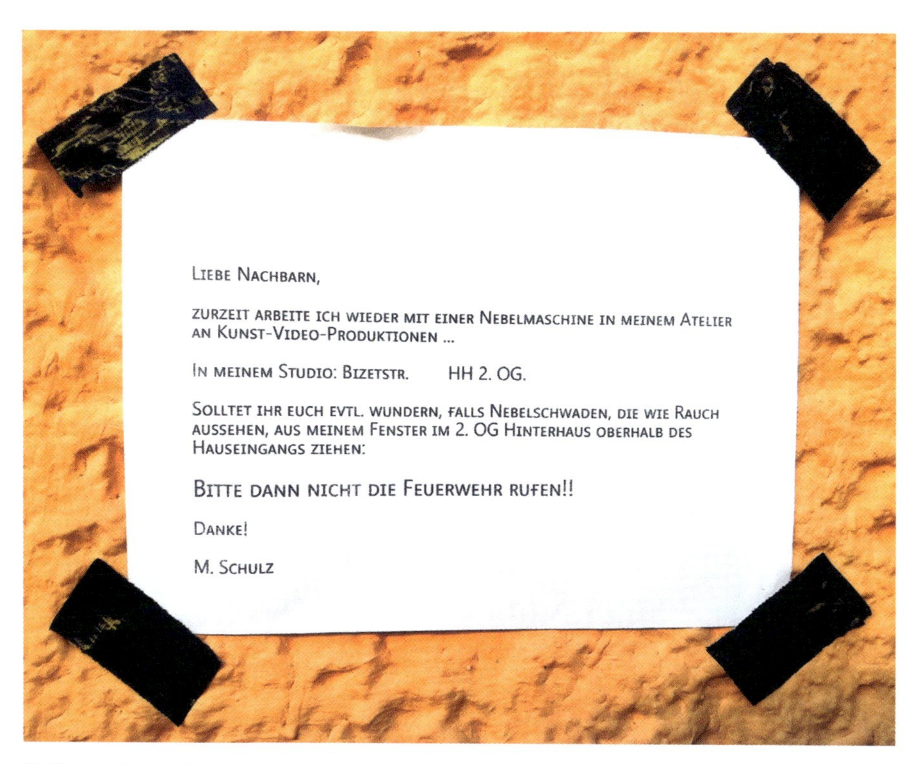
Liebe Nachbarn,

zurzeit arbeite ich wieder mit einer Nebelmaschine in meinem Atelier an Kunst-Video-Produktionen ...

In meinem Studio: Bizetstr.   HH 2. OG.

Solltet ihr euch evtl. wundern, falls Nebelschwaden, die wie Rauch aussehen, aus meinem Fenster im 2. OG Hinterhaus oberhalb des Hauseingangs ziehen:

Bitte dann nicht die Feuerwehr rufen!!

Danke!

M. Schulz

Weißensee | notesofberlin.com

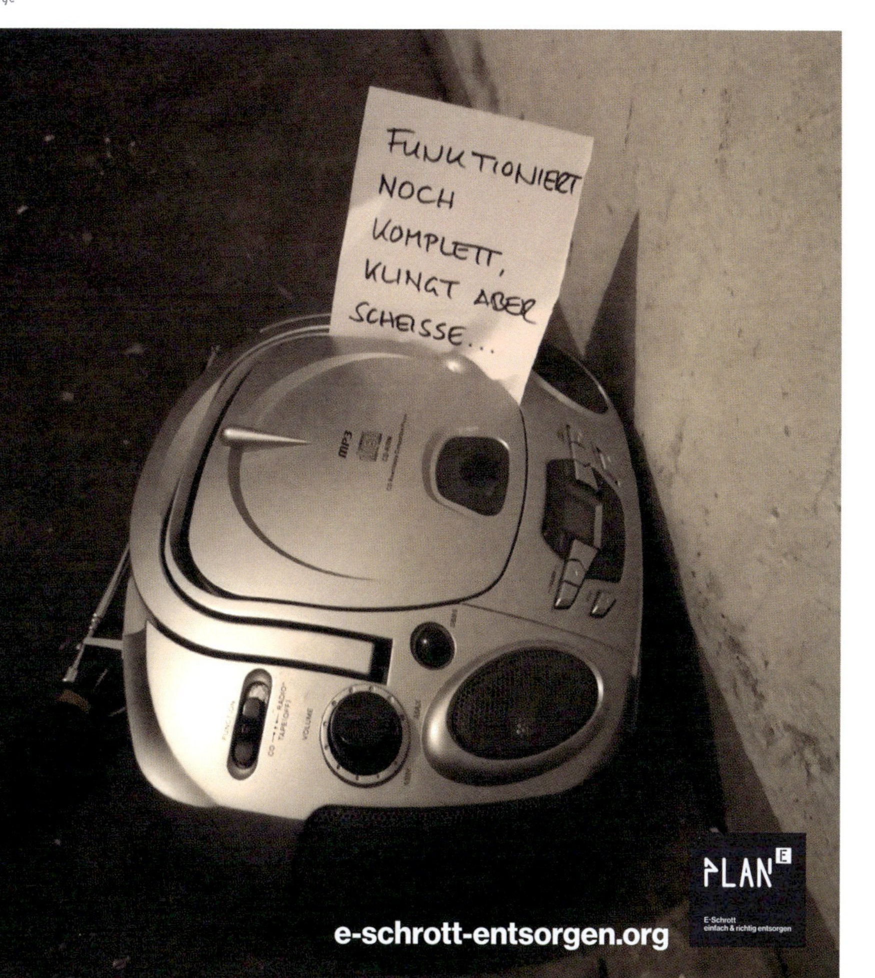
FUNKTIONIERT NOCH KOMPLETT, KLINGT ABER SCHEISSE...
PLAN E
E-Schrott
einfach & richtig entsorgen
e-schrott-entsorgen.org

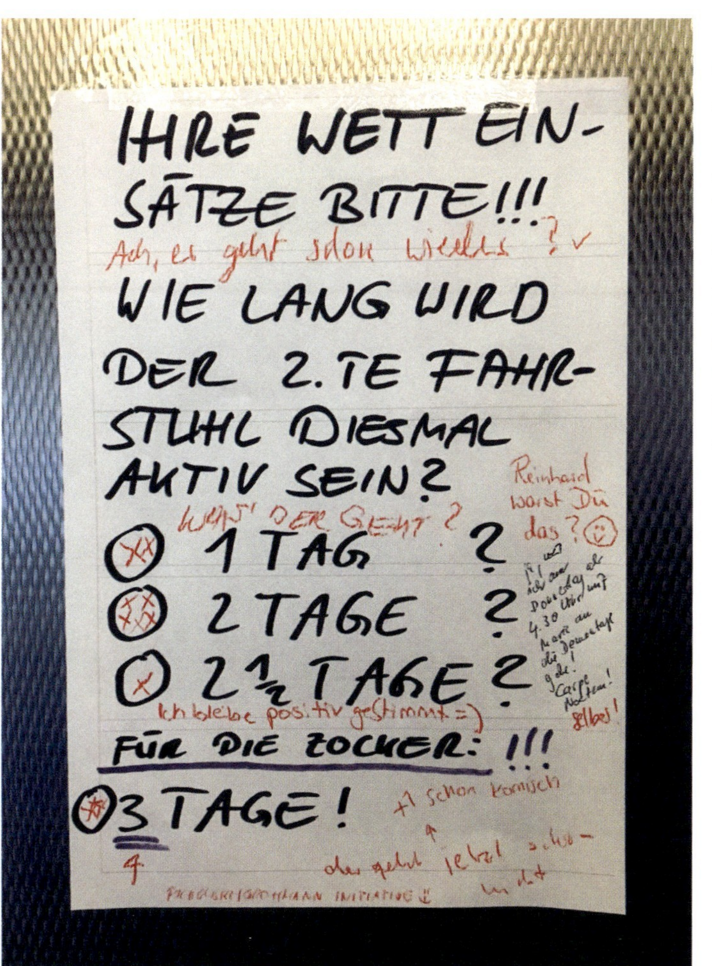

Frankfurter Tor | Friedrichshain | notesofberlin.com

SA

22

MÄR

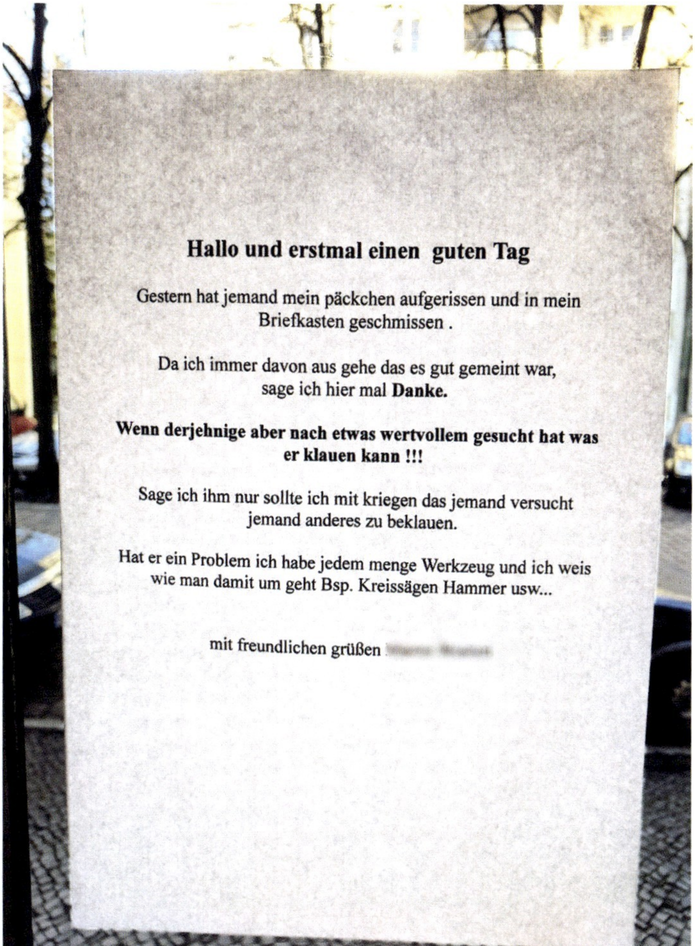

Hallo und erstmal einen guten Tag

Gestern hat jemand mein päckchen aufgerissen und in mein Briefkasten geschmissen .

Da ich immer davon aus gehe das es gut gemeint war, sage ich hier mal **Danke.**

Wenn derjehnige aber nach etwas wertvollem gesucht hat was er klauen kann !!!

Sage ich ihm nur sollte ich mit kriegen das jemand versucht jemand anderes zu beklauen.

Hat er ein Problem ich habe jedem menge Werkzeug und ich weis wie man damit um geht Bsp. Kreissägen Hammer usw...

mit freundlichen grüßen

Neukölln | notesofberlin.com

SO

23

MÄR

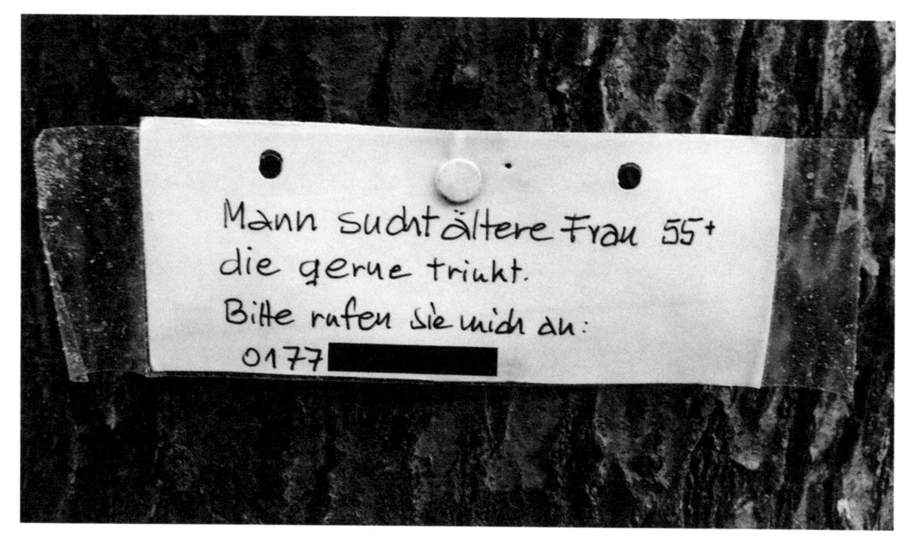

Tempelhof | notesofberlin.com

MO
24
MÄR

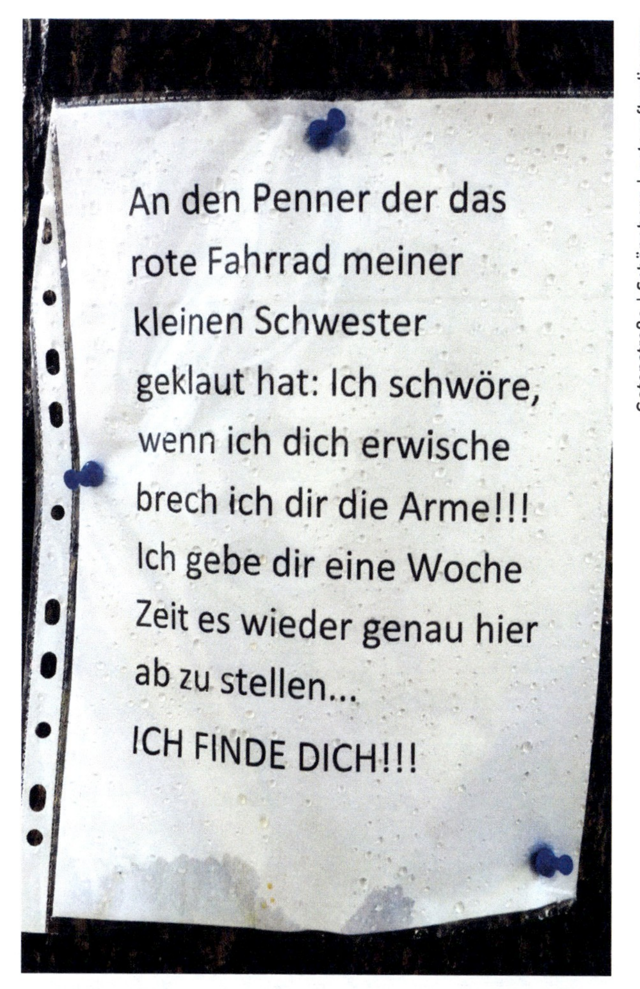

Gotenstraße | Schöneberg | notesofberlin.com

DI
25
MÄR

Biete Kurse für Nachbarn an:

„Türklinken und warum sie existieren."

„Auch du kann lernen beim Gehen richtig abzurollen!"

„Möbel aufbauen und verschieben – besser wenn es dunkel ist?"

„Monster im Hausflur? - Was hilft noch außer lautem Trampeln?"

„Die Waschmaschine - Spaß für die eigene Familie oder das halbe Haus?"

Lichtenberg | notesofberlin.com

Hermannstraße | Neukölln | notesofberlin.com

DO
27
MÄR

Leinestraße | Neukölln | notesofberlin.com

FR
28
MÄR

29.03.2023

Guten Tag, liebe Nachbarln,

anlässlich meines Überlebens des Architekturstudiums möchte ich mit einigen Freunden & Freundinnen auf das Leben anstoßen & es feiern.
Die Feier findet am Freitag, den 31.03. statt.
Ich bitte um Verständnis, falls es etwas lauter werden sollte.

Mit freundlichen Grüßen

Michael
QG 3.OG rechts

GLÜCKWUNSCH!!

Viel Spaß bei der Party!
PS: Bei Kater hilft Elotrans :)

Wedding | notesofberlin.com

SA
29
MÄR

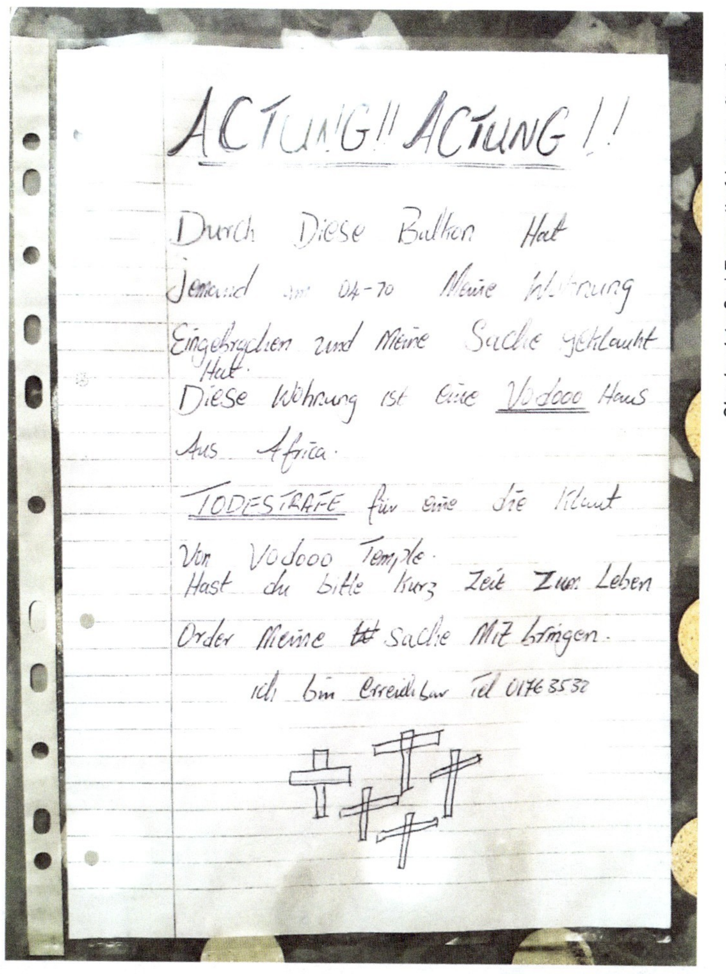

Oberlandstraße | Tempelhof | notesofberlin.com

SO
30
MÄR

Diese Pflanze und der Schmutz fielen mir aus dem Fenster dieses Gebäudes auf den Kopf.
Mein Kopf und mein Gesicht waren voller Dreck.
Bitte werfen Sie keinen Müll aus dem Haus aus dem Fenster.
Vergessen Sie nicht, dass unter Ihrem Fenster Menschen laufen.

This plant and dirt fell on my head from the window of this building.
My head and face were covered in dirt.
Please do not throw garbage from the house out the window.
Don't forget that there are people walking under your window.

Holzmarktstraße | Mitte | notesofberlin.com

MO
31
MÄR

IN GEISTIGER VERWIRRUNG
HABEN 2 DAMEN AUS
HAUS NR. 9 DIESEN
TISCH VERSEHENTLICH
AUF DIE STRASSE GESTELLT!
BITTE WIEDER INS HAUS ODER
BSR ZWECKS ABHOLUNG BEAUFTRAGEN!

Großgörschenstraße | Schöneberg | notesofberlin.com

DI
1
APR

Danziger Straße | Prenzlauer Berg | notesofberlin.com

MI
2
APR

Hallo!
Eure Marlboro
Kippen fliegen
ständig in mein
Fenster "warum"
ich Scheiße doch
auch nicht auf
Euren Teller!
Wollt ihr
Krieg?

Wilsnacker Straße | Moabit | notesofberlin.com

DO
3
APR

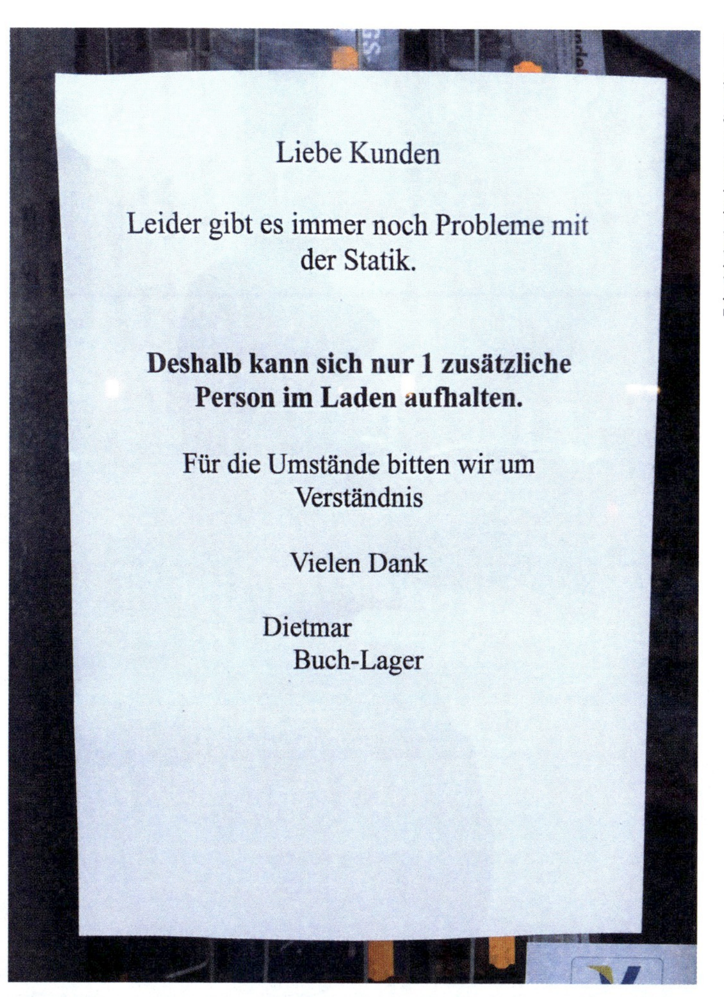

Friedrichshain | notesofberlin.com

FR
4
APR

Neukölln | notesofberlin.com

SA
5
APR

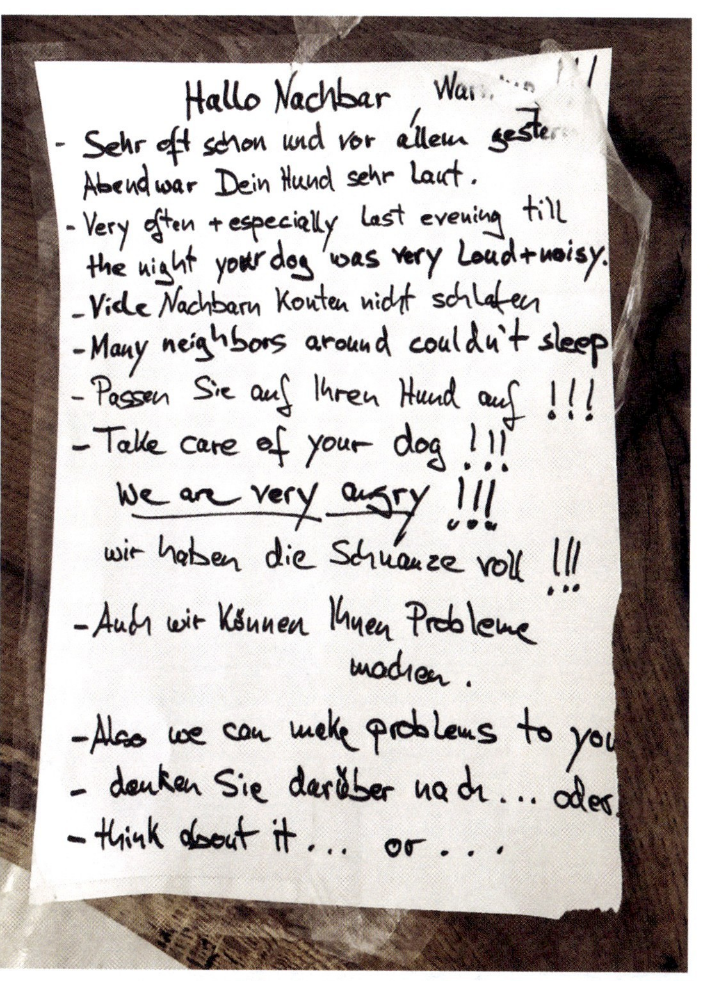

Schöneberg | notesofberlin.com

SO
6
APR

Prinzessinnenstraße | Kreuzberg | notesofberlin.com

MO
7
APR

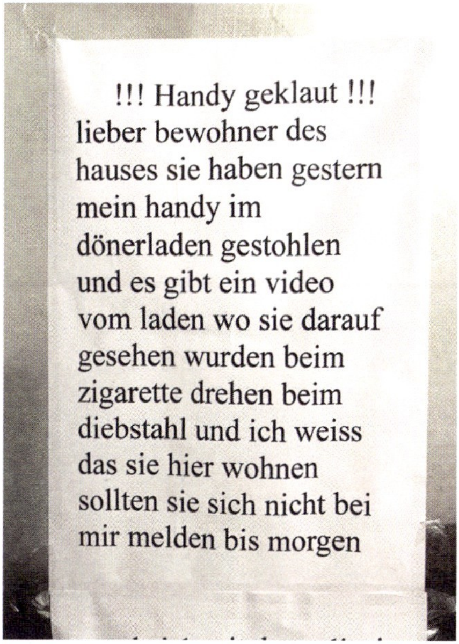

!!! Handy geklaut !!!
lieber bewohner des
hauses sie haben gestern
mein handy im
dönerladen gestohlen
und es gibt ein video
vom laden wo sie darauf
gesehen wurden beim
zigarette drehen beim
diebstahl und ich weiss
das sie hier wohnen
sollten sie sich nicht bei
mir melden bis morgen

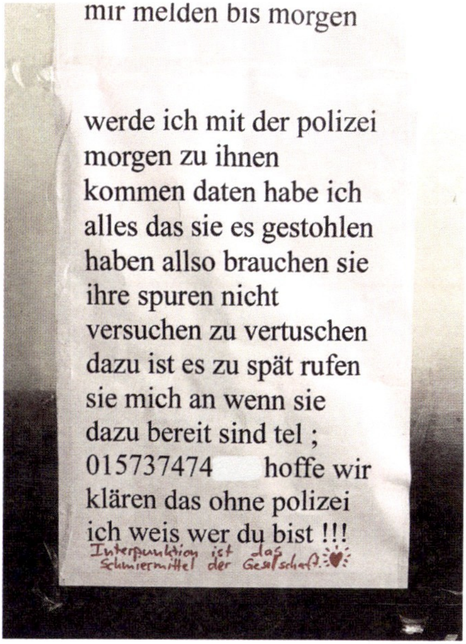

mir melden bis morgen

werde ich mit der polizei
morgen zu ihnen
kommen daten habe ich
alles das sie es gestohlen
haben allso brauchen sie
ihre spuren nicht
versuchen zu vertuschen
dazu ist es zu spät rufen
sie mich an wenn sie
dazu bereit sind tel ;
015737474 hoffe wir
klären das ohne polizei
ich weis wer du bist !!!

Interpunktion ist das Schmiermittel der Gesellschaft.

Warschauer Straße | Friedrichshain | notesofberlin.com

DI
8
APR

Prenzlauer Berg | notesofberlin.com

MI
9
APR

Bitte nehmen Sie Rücksicht! Und lassen Sie ihre Kinder nicht im Hof schreien und toben!

Hinterhöfe sind keine Spielplätze!

Bitte sorgen Sie dafür, dass ihre Kinder nicht auf dem Hof spielen.

Ballspielgeräte, Pools und Spielgeräte sind auf Hinterhöfen in Berlin verboten.

Auf Einhaltung der Lärmschutzverordnung ist beim Ordnungsamt Anzeige gegen die Hausverwaltung gestellt worden.

KINDER LEBEN, SIE MACHEN KEINEN LÄRM,
SIE MENSCHENFEIND!

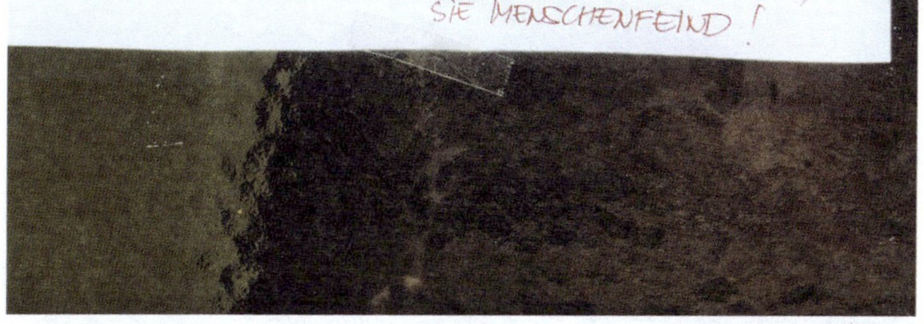

Friedenau | notesofberlin.com

DO
10
APR

Lieber Dieb,
aus Versehen nimmt
man sicher kein 180x200cm
Bettlaken mit!
Häng es zurück oder werfe
mir 25€ in den Briefkasten!
Es war nagelneu! (Glückwunsch)
Bring also dein Karma
ins Gleichgewicht!
Liebe Grüße Franzi

Friedrichsfelde | notesofberlin.com

FR
11
APR

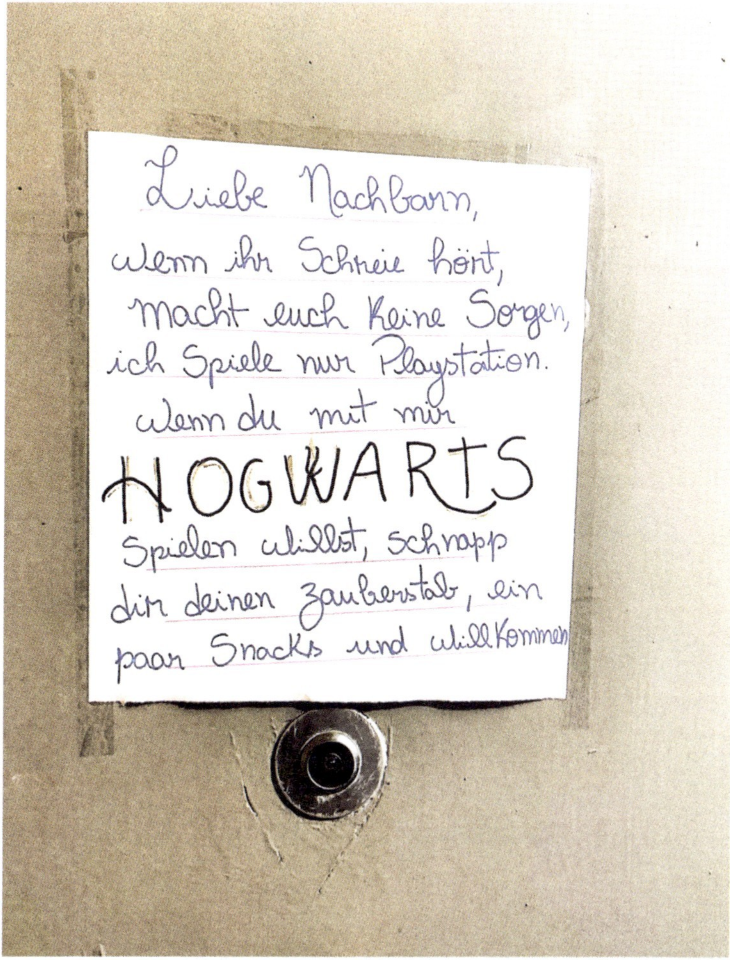

Liebe Nachbarn,
wenn ihr Schreie hört,
macht euch Keine Sorgen,
ich Spiele nur Playstation.
Wenn du mit mir
HOGWARTS
Spielen willst, schnapp
dir deinen Zauberstab, ein
paar Snacks und willKommen

Tempelhof | notesofberlin.com

SA
12
APR

Mitte | notesofberlin.com

SO
13
APR

Waldemarstraße | Kreuzberg | notesofberlin.com

MO
14
APR

FU Berlin | Dahlem | notesofberlin.com

DI
15
APR

Warst du am Freitag, 14.04, im Kitkat?

Ich habe dir eine falsche Nummer gegeben!

Du:
Wohnst im Wien, bist du mit einem Freund von dir für ein paar Tagen gekommen.
Ihr musstet Samstag früh ein Check-out im Hotel machen.
Auf der Party hattest du ein high-cut Badeanzug an (weiß? silber?)
Ihr wolltet noch in Berghain feiern.

Ich:
Ich hatte an ein schwarzes spitzes Top, schwarze Shorts, Technoknödel.

Wir haben zusammen ganz schön getanzt, gequatscht und wir wollten un
wieder sehen, bevor du zurück nach Berlin kommst

Bitte schreib mir ein E-Mail auf:

@gmail.com

und lass uns wieder treffen ;)

(Ich schreibe hier mit Absicht keinen Namen und Telefonnummer)

Friedrichshain | notesofberlin.com

MI
16
APR

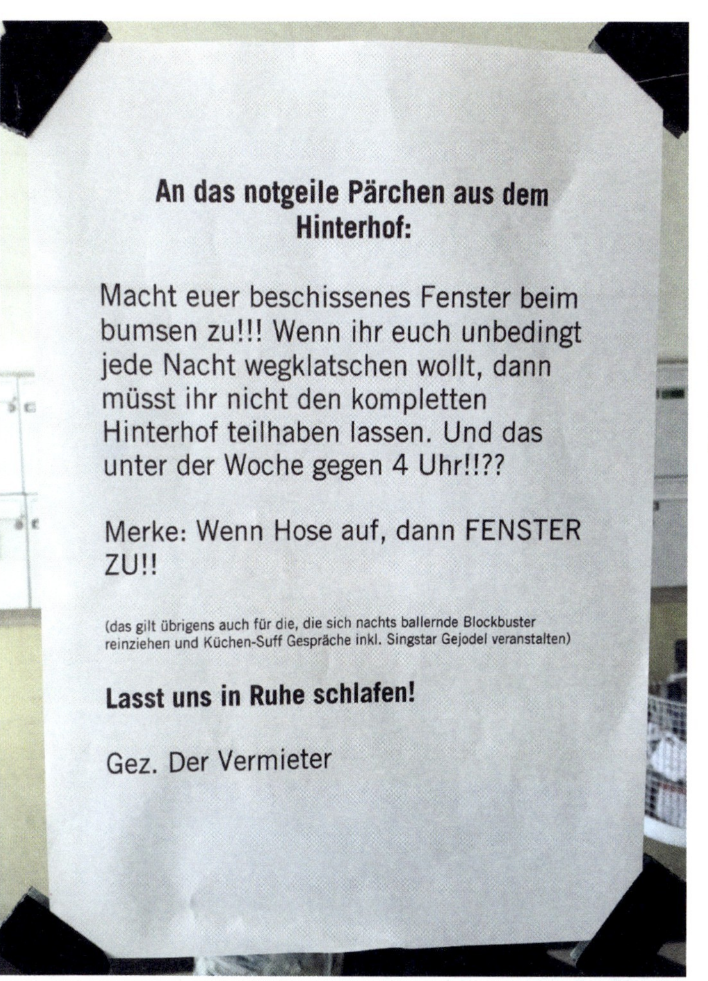

Stralauer Allee | Friedrichshain | notesofberlin.com

DO
17
APR

Schöneberg | notesofberlin.com

FR
18
APR

Hey lieber Rauchmelder-Mensch,

ich musste leider um kurz vor 14^{00} Uhr zu einem Vorstellungsgespräch. War recht spontan, konnte leider keinen Schlüssel hinterlegen...

Hey lieber Mieter-Mensch :-P,

alles gut. Sie bekommen einen neuen Termin. Hoffentlich war das Gespräch erfolgreich! :)

Rauchmelder-Mensch

Togostraße | Wedding | notesofberlin.com

SA

19

APR

an den netten Nachbarn!
der meine Briefe und Post
Liest und entwendet:
Bitte bezahle auch meine
Rechnungen & Mahnungen.
ansonsten bitte die Briefe
im Briefkasten lassen!
Es wäre schön, wenn ich sie
zuerst lessen darf! Du kannst
sie danach selbstverständlich
haben. Oder frage mich einfach!
frohe Ostern

Nogatstraße | Neukölln | notesofberlin.com

SO
20
APR

Friedrichshain | notesofberlin.com

MO
21
APR

Friedrichshain | notesofberlin.com

DI
22
APR

Du hast mir meine neu gekaufte 30 € teure Pflanze geklaut.

Sie stand keine 10 Minuten im Treppenhaus. Ein "Zum Mitnehmen"-Schild war da nicht dran!

Ich hoffe nur du fühlst dich schlecht und kannst nachts nicht ruhig schlafen. Man klaut nämlich nicht. Falls du es nicht wusstest.

Solltest du Gewissensbisse und doch ein paar Eier in der Hose haben, kannst du sie mir gerne wiedergeben!

Einfach vor die Tür stellen ist auch ok, wenn nur ein Ei vorhanden.

Ich wohne in der pflanzenlosen 2. Etage, links.

Danke.

Und was, wenn ich eine Frau bin?

Frankfurter Allee | Lichtenberg | notesofberlin.com

LIEBE NACHBARN,
HEUTE ABEND WIRDS BEI MIR IM ERSTEN STOCK
EINE ABENDGESELLSCHAFT FUR MEINEN 22 GB.
GEBEN, BEI DER ES, IHR KENNT ES JA, UNTER
UMSTÄNDEN ETWAS LAUTER ZUGEHEN KONNTE.
SORRY! WER SICH IM ERNSTFALL TROTZDEM MIT DEN
GEDANKEN ERWISCHT, UNS DEN KRACH KRUMMZU
NEHMEN, DER KLOPFE EINFACH AN MEINE TUR
UND HOLE SICH SEIN FLÄSCHEN BIER AB ♡.
DANKE FÜR ~~UNSER~~ EUER VERSTÄNDNIS!
SCHLAFT GUT! ♡♡♡ WIRD AUCH NICHT LANGER ALS
MAX 01:00 GEHEN!

Winsviertel | Prenzlauer Berg | notesofberlin.com

DO
24
APR

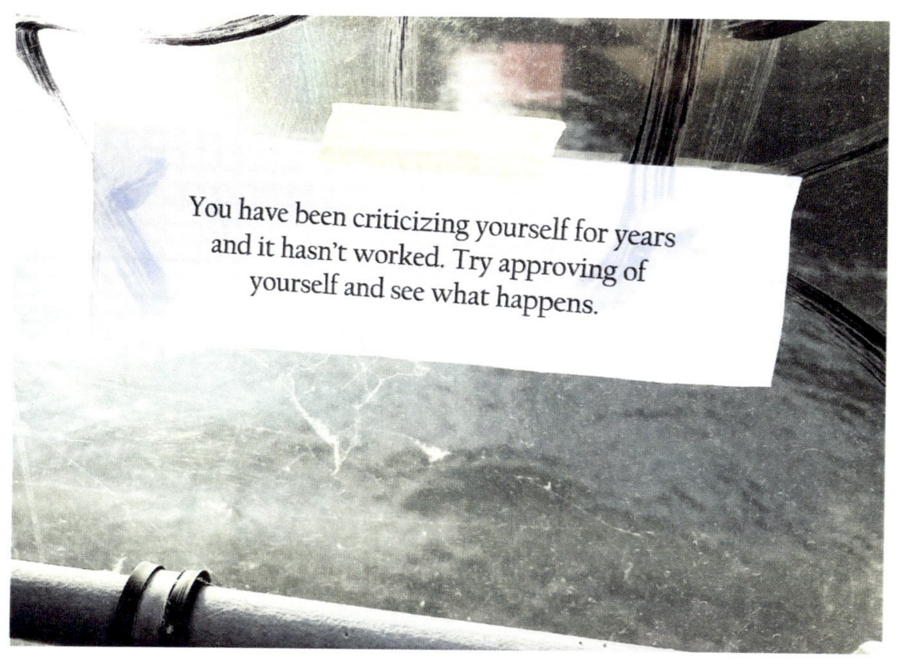

Mitte | notesofberlin.com

FR
25
APR

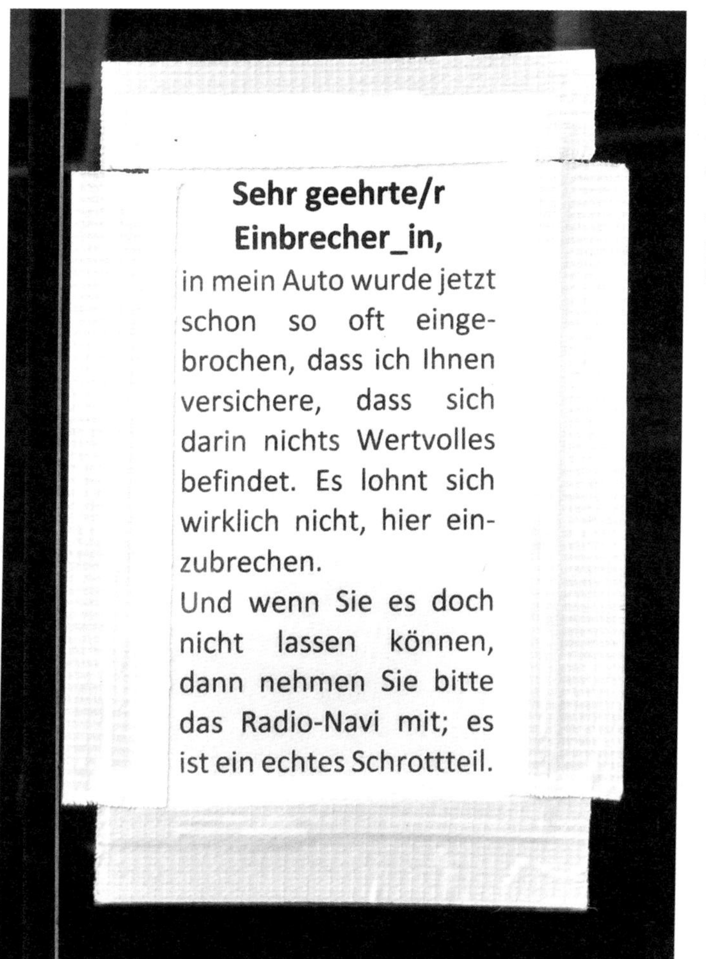

Schöneberg | notesofberlin.com

SA
26
APR

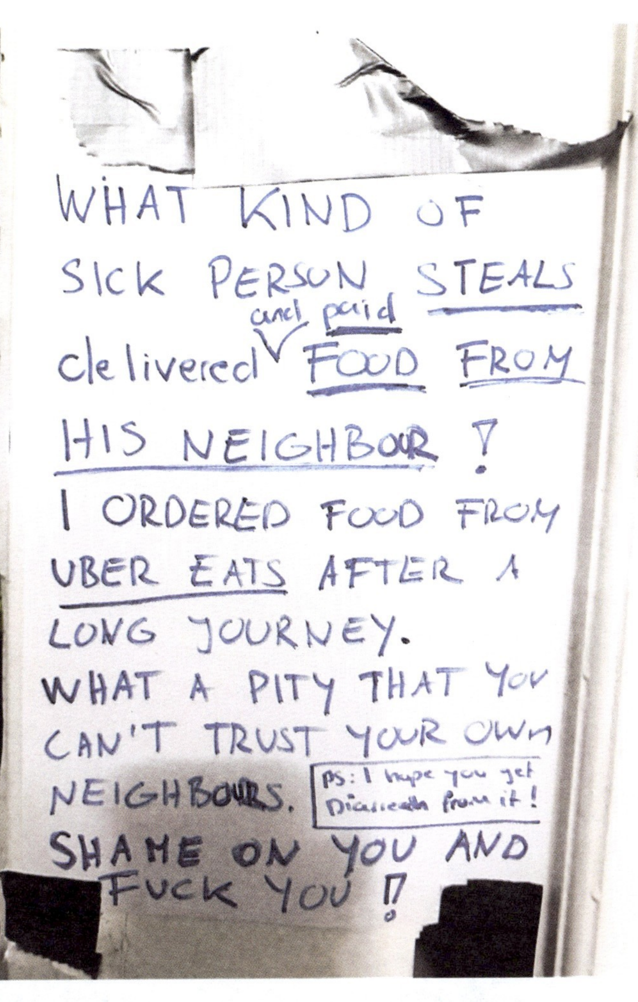

Prenzlauer Berg | notesofberlin.com

SO
27
APR

Voigtstraße | Friedrichshain | notesofberlin.com

MO
28
APR

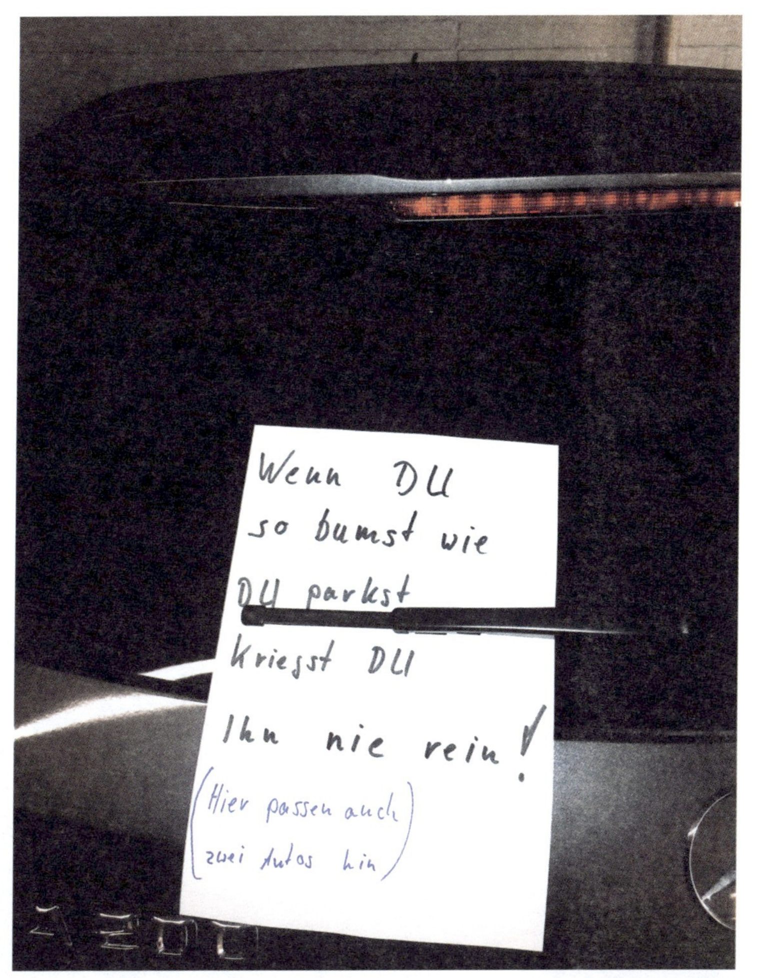

Knesebeckstraße | Charlottenburg | notesofberlin.com

DI
29
APR

Hi, if you bought something
yesterday afternoon or evening
(7.2.)
before 8 pm and the damn
hatch jammed again, write
me what you bought – i saved
it for you. :)
-> jo_tu-berlin@
work.org

TU Berlin | Charlottenburg | notesofberlin.com

MI
30
APR

Kreuzberg | notesofberlin.com

DO
1
MAI

Moabit | notesofberlin.com

FR
2
MAI

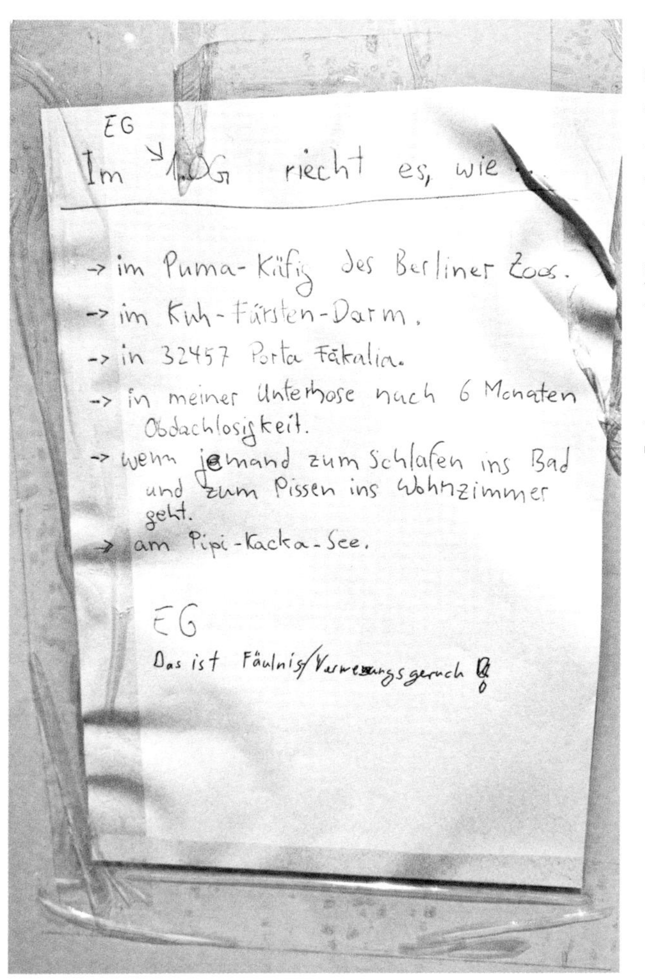

Fontanepromenade | Kreuzberg | notesofberlin.com

SA
3
MAI

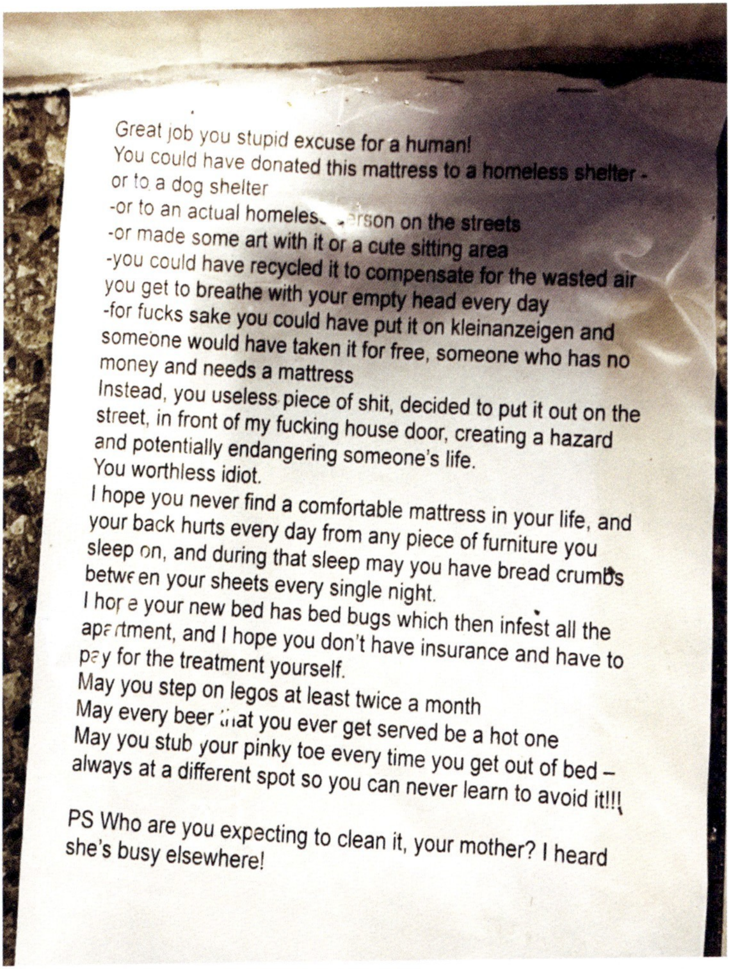

Great job you stupid excuse for a human!
You could have donated this mattress to a homeless shelter - or to a dog shelter
-or to an actual homeless person on the streets
-or made some art with it or a cute sitting area
-you could have recycled it to compensate for the wasted air you get to breathe with your empty head every day
-for fucks sake you could have put it on kleinanzeigen and someone would have taken it for free, someone who has no money and needs a mattress
Instead, you useless piece of shit, decided to put it out on the street, in front of my fucking house door, creating a hazard and potentially endangering someone's life.
You worthless idiot.
I hope you never find a comfortable mattress in your life, and your back hurts every day from any piece of furniture you sleep on, and during that sleep may you have bread crumbs between your sheets every single night.
I hope your new bed has bed bugs which then infest all the apartment, and I hope you don't have insurance and have to pay for the treatment yourself.
May you step on legos at least twice a month
May every beer that you ever get served be a hot one
May you stub your pinky toe every time you get out of bed – always at a different spot so you can never learn to avoid it!!!

PS Who are you expecting to clean it, your mother? I heard she's busy elsewhere!

Gormannstraße | Mitte | notesofberlin.com

SO
4
MAI

Hallo! Ich heiße Toni Ich bin neun.
Ich liebe Hunde. Meine Eltern kaufen
nir aber keinen!!! Ich möchte mit einem
Hund 1-2 mal in der Woche spazieren gehen!
Rufen siemich bitte an.

Telefon:

Ma. 0172396 Pa. 01723606

Rykestraße | Prenzlauer Berg | notesofberlin.com

MO
5
MAI

Torstraße | Mitte | notesofberlin.com

DI
6
MAI

Moabit | notesofberlin.com

MI
7
MAI

Simon-Dach-Kiez | Friedrichshain | notesofberlin.com

DO
8
MAI

Weisestraße | Neukölln | notesofberlin.com

FR
9
MAI

Südstern | Kreuzberg | notesofberlin.com

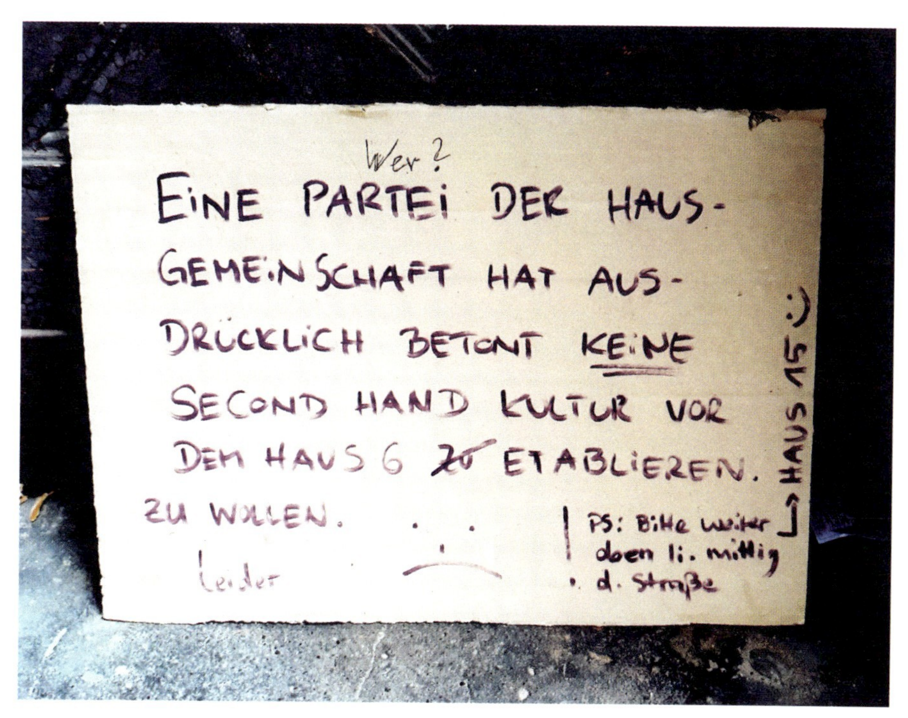

Bürgerheimstraße | Lichtenberg | notesofberlin.com

Rhinowerstraße | Prenzlauer Berg | notesofberlin.com

MO
12
MAI

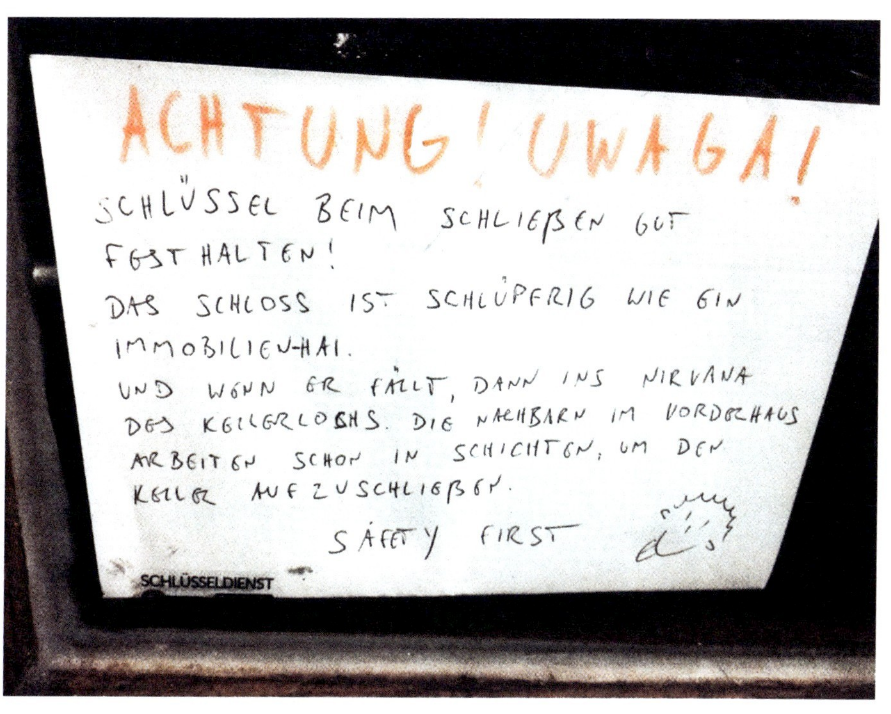

Winskiez | Prenzlauer Berg | notesofberlin.com

DI

13

MAI

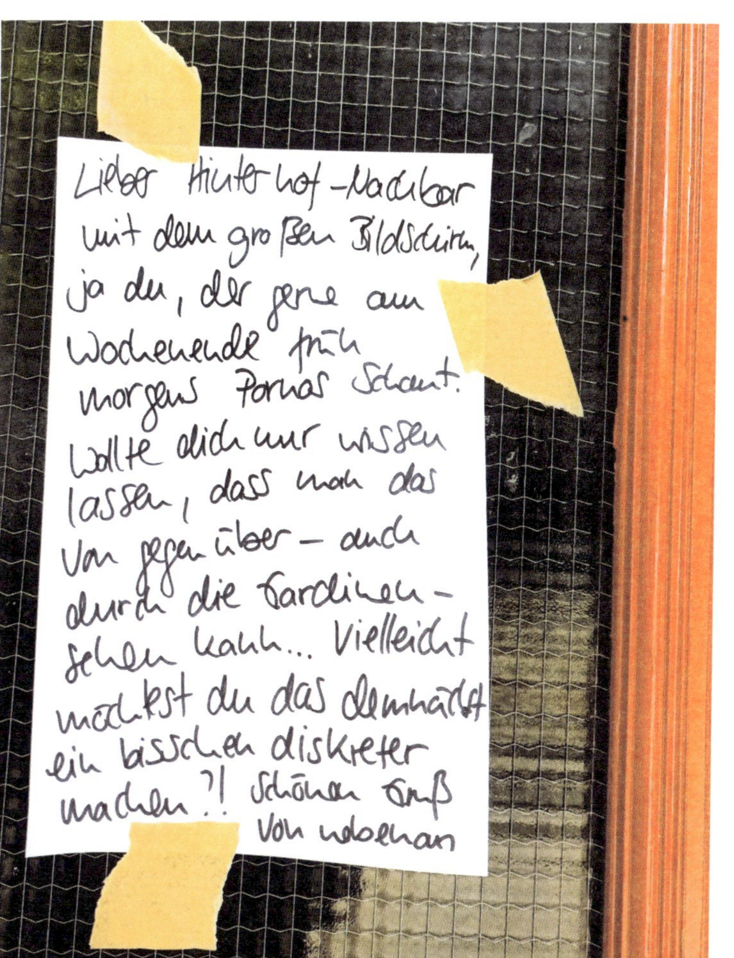

Bötzowstraße | Prenzlauer Berg | notesofberlin.com

MI
14
MAI

Mittenwalder Straße | Kreuzberg | notesofberlin.com

DO
15
MAI

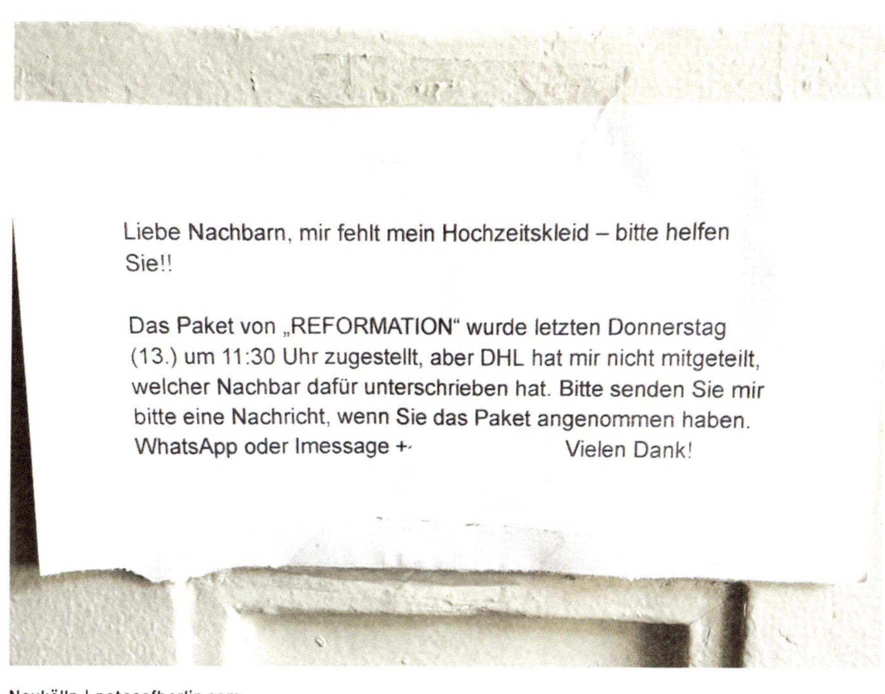

Neukölln | notesofberlin.com

FR
16
MAI

Friedrichshain | notesofberlin.com

SA
17
MAI

Bornholmer Straße | Prenzlauer Berg | notesofberlin.com

SO
18
MAI

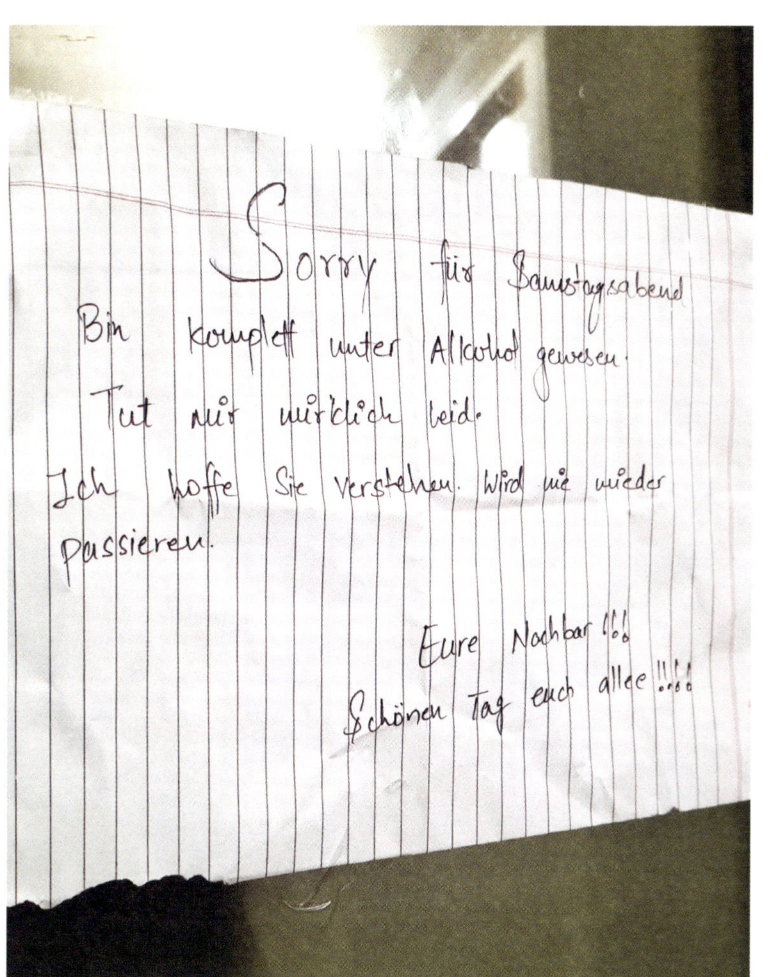
Sorry für Samstagsabend
Bin komplett unter Alkohol gewesen.
Tut mir wirklich leid.
Ich hoffe Sie verstehen. Wird nie wieder
passieren.
Eure Nachbar !!!
Schönen Tag euch allee !!!!

Prenzlauer Berg | notesofberlin.com

MO
19
MAI

Forster Straße | Kreuzberg | notesofberlin.com

DI
20
MAI

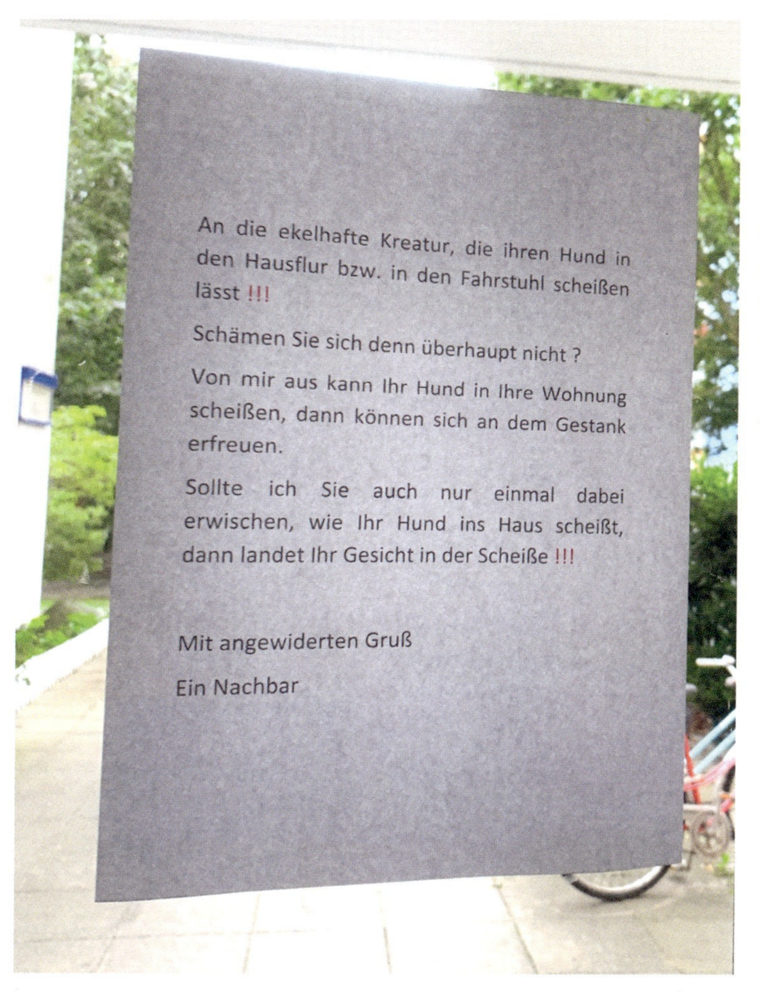
An die ekelhafte Kreatur, die ihren Hund in den Hausflur bzw. in den Fahrstuhl scheißen lässt !!!

Schämen Sie sich denn überhaupt nicht ?

Von mir aus kann Ihr Hund in Ihre Wohnung scheißen, dann können sich an dem Gestank erfreuen.

Sollte ich Sie auch nur einmal dabei erwischen, wie Ihr Hund ins Haus scheißt, dann landet Ihr Gesicht in der Scheiße !!!

Mit angewiderten Gruß

Ein Nachbar

Heilmannring | Charlottenburg | notesofberlin.com

MI
21
MAI

Liebe Nachbarn und
Nachberinnen unsere
Mauerbienen sind
geschlüpft und wen ihr
Blümchen habt kommen
sie auch zu euch rüber
zum Blüten bestauben. Aber
keine Sorge sie haben
keinen Stachel und sind
sehr klein.
Viele Grüße: Juna ♥
und ♥ Leni*

Das ist großartig,
Danke♥!

Binschen!
Bs, Bs, Bs,

Wilmersdorf | notesofberlin.com

DO
22
MAI

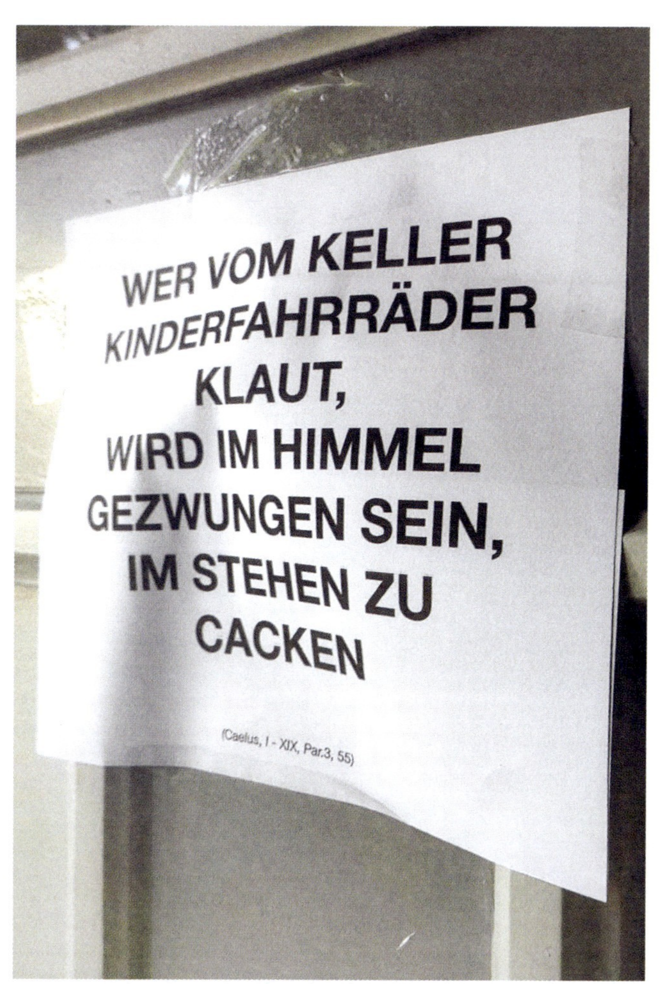

Oberschöneweide | notesofberlin.com

FR
23
MAI

Weisestraße | Neukölln | notesofberlin.com

SA
24
MAI

Hallo Dieb meiner Vorderradfelge,
ich habe einer Voodoo Puppe
Sämtliche im Haushalt vorhandenen
Nadeln in den Intimbereich gejagt.
Ich hoffe mein Vorderrad steht
wieder da bevor du keinen mehr
hoch bekommst.

Rudolf-Reusch-Straße | Lichtenberg | notesofberlin.com

SO
25
MAI

Hämmerlingstraße | Köpenick | notesofberlin.com

MO
26
MAI

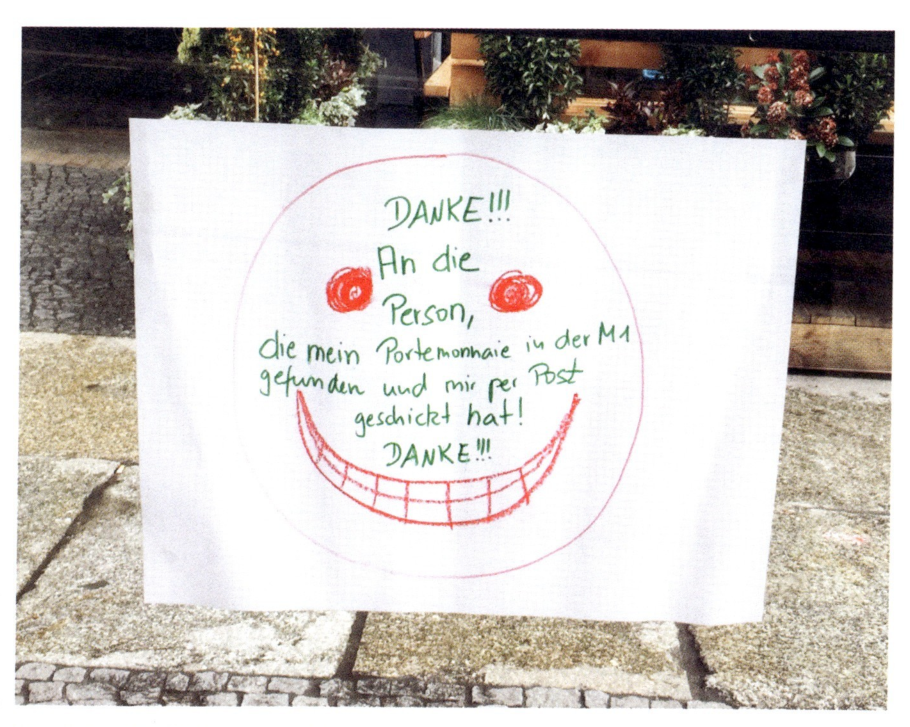

Rosenthaler Platz | Mitte | notesofberlin.com

DI
27
MAI

Hey Benjamin!

Hier ist das Girl mit der atzigen Frisur. Falls du, Lust auf ein Bier und meine Gesellschaft dazu haben solltest, dann schreib mir ne Mail! xD

@web.de

maybe bis bald!
Rahel

Maybachufer | Neukölln | notesofberlin.com

MI
28
MAI

Brentanostraße | Steglitz | notesofberlin.com

DO
29
MAI

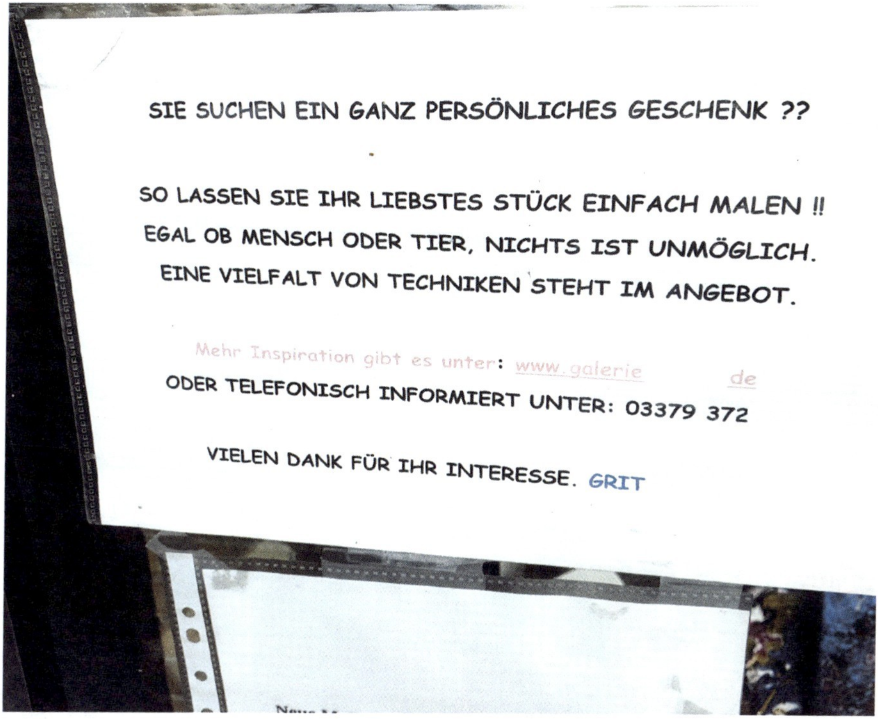

SIE SUCHEN EIN GANZ PERSÖNLICHES GESCHENK ??

SO LASSEN SIE IHR LIEBSTES STÜCK EINFACH MALEN !!
EGAL OB MENSCH ODER TIER, NICHTS IST UNMÖGLICH.
EINE VIELFALT VON TECHNIKEN STEHT IM ANGEBOT.

Mehr Inspiration gibt es unter: www.galerie de
ODER TELEFONISCH INFORMIERT UNTER: 03379 372

VIELEN DANK FÜR IHR INTERESSE. GRIT

Friedrichshain | notesofberlin.com

FR
30
MAI

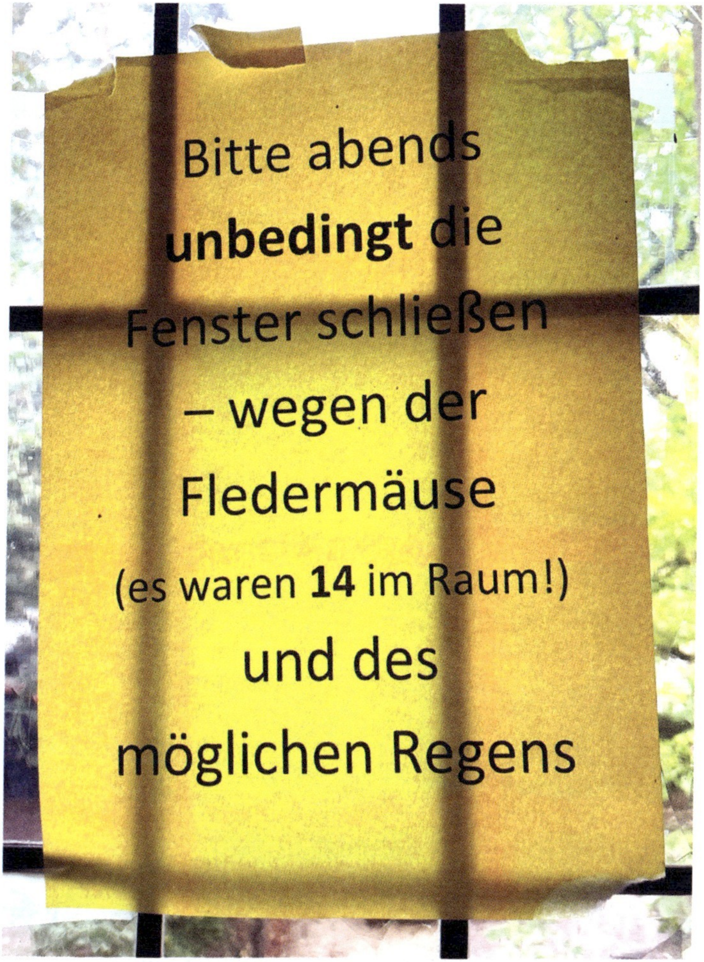

Bitte abends
unbedingt die
Fenster schließen
– wegen der
Fledermäuse
(es waren **14** im Raum!)
und des
möglichen Regens

Trebbiner Straße | Mahlow | notesofberlin.com

SA
31
MAI

Lieber Unbekannter,
lassen Sie doch
die Blumen in
der Erde.
Andere freuen
sich daran.

Revaler Straße | Friedrichshain | notesofberlin.com

1 unglaublich schöner HippieDude
1 unglaublich guter Blickkontakt
Du, genau hier, zu Fuß
Ich, gegenüber, auf dem Fahrrad

Dienstag, 31. Mai
ziemlich genau 20 Uhr

Geht mir halt seitdem nicht mehr aus dem Kopf.
So sehr nicht, dass ich ernsthaft DAS HIER gebastelt habe

Also, liebes Universum,
lieber unglaublich schöner HippieD

nearlyheadless@gmx.de

Kreuzberg | notesofberlin.com

MO
2
JUN

An den Nachbarn, der Müll
aus dem Fenster wirft:

Schämen Sie sich!

Ich habe Fenster auf der
Markise, auf der Sie ihr
Essen, ihre Zigaretten und ihre
Pfannen werfen! Tun Sie
das niemals wieder und
nehmen Sie sofort Ihre
Pfanne von der Markise.

Charlottenburg | notesofberlin.com

Vermisst Jemand einen weißen Igel?

Letzte Nacht habe ich im Schlafzimmer, vierter Stock, einen weißen Igel gefunden. Da es sich vermutlich nicht um eine heimische Art handelt und es unwahrscheinlich ist, dass ein Igel in den vierten Stock kommt, vermute ich, dass er jemandem gehört. Weiß Jemand etwas oder möchte ihn wiederhaben?

Meldet euch gern: Fränze , r. 3 D

0152 22 67

Liebe Grüße, Fränze

Friedrichsfelde | notesofberlin.com

MI

4

JUN

Charlottenburg | notesofberlin.com

DO
5
JUN

Sehr geehrte Dame,

Würden Sie Ihre sommerlich lautstarken Sexualpraktiken lieber mal bei geschlossenen Fenstern ausleben?

Es gibt immerhin viele Kinder und auch normale Langweiler im Haus.

Danke.

Bornholmer Straße | Prenzlauer Berg | notesofberlin.com

Attr. M, 42, 1,85m., schl.,
Putzt Ihre Wohnung
NACKT! Für 20€/Std.
Termin: tägl. ab 20°° Uhr.
0151-53350

BERUFSTÄTIGE FRAU

Akazienstraße | Schöneberg | notesofberlin.com

SA
7
JUN

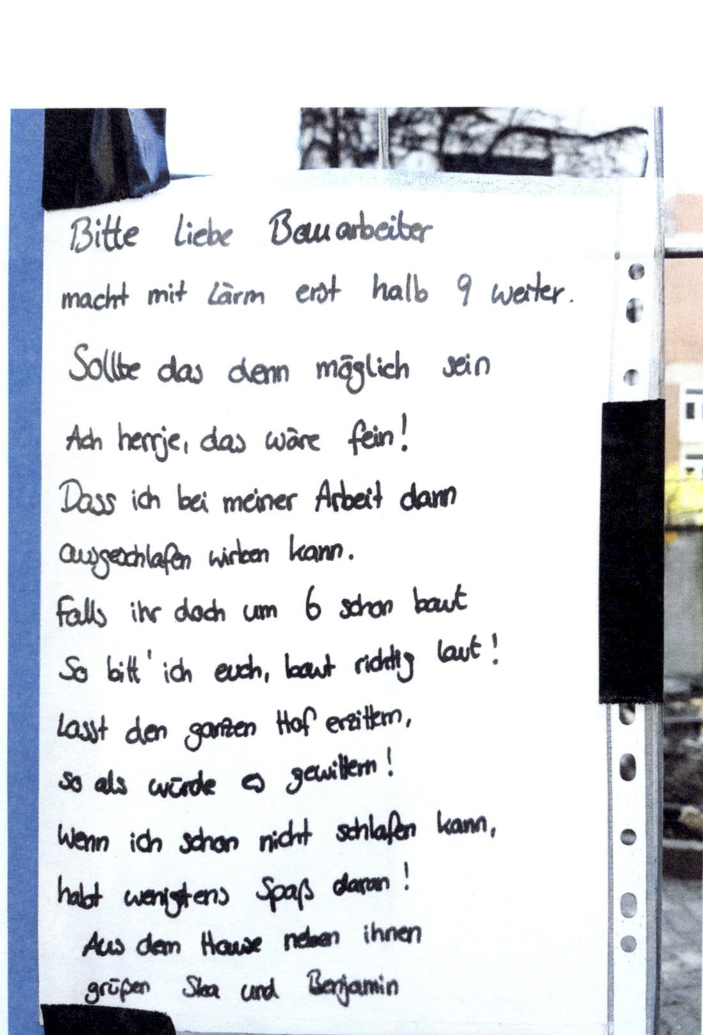

Leopoldplatz | Wedding | notesofberlin.com

SO
8
JUN

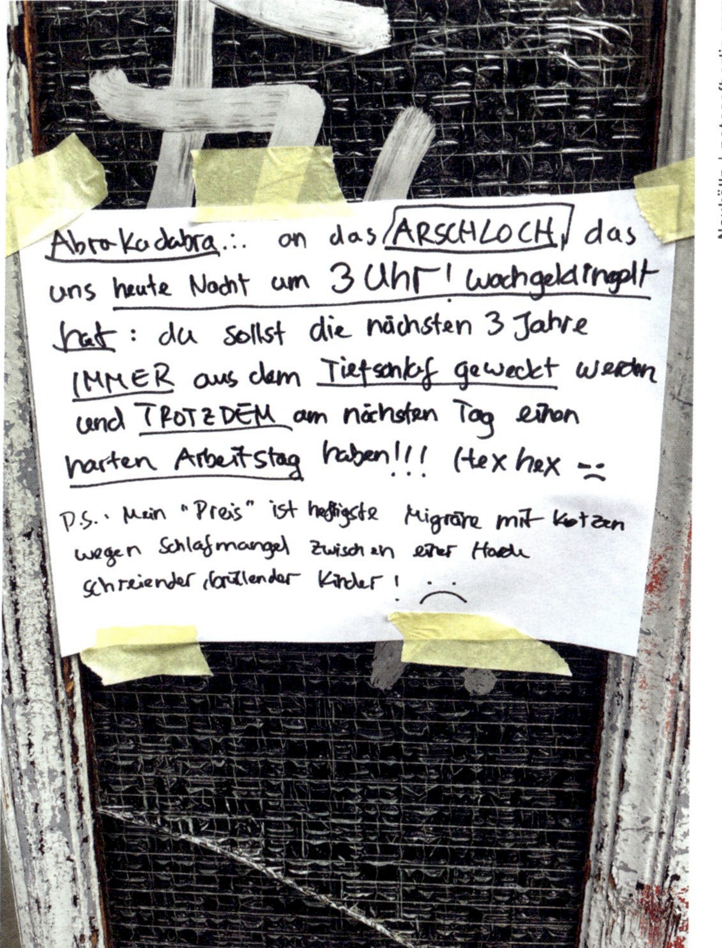

Neukölln | notesofberlin.com

MO
9
JUN

Raumerstraße | Prenzlauer Berg | notesofberlin.com

DI
10
JUN

Hackescher Markt | Mitte | notesofberlin.com

MI
11
JUN

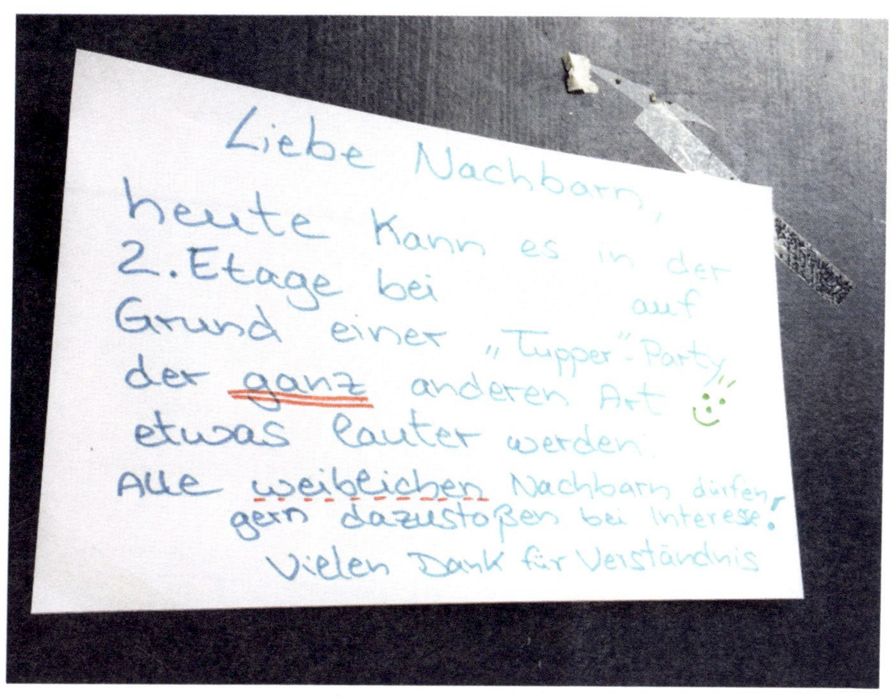

Wattstraße | Schöneweide | notesofberlin.com

DO
12
JUN

Are you an Australian male? (in your 20s!)

Are you hot?

Are you flying to Birmingham on 15.06.2023?

Are you studying a master's program with three universities here in Berlin?

I think you swim here at the lake quite often

British girl here and I regret not asking for your number and I don't know your name either!

I talked to you on the evening of Saturday the 10th of June after swimming in the lake. I was with my best friend, and you asked us where we were from and then cycled off.

Please don't contact me unless this describes you!

My name is Emma and this is my no. +491766935

Hope to hear from you mysterious Australian boy ☺

Krumme Lanke | Zehlendorf | notesofberlin.com

FR
13
JUN

Schöneberg | notesofberlin.com

SA
14
JUN

BERLIN
Du fehlst uns!
Komm als Lehrerin oder Lehrer an Berliner Schulen
und zeig, was du drauf hast!
„Auch im Vorbereitungsdienst?" fragst du.
Aber sicher.
„Und wenn ich schon woanders verbeamtet bin?"
Kein Problem, wir übernehmen dich gerne!
Alles, was du wissen musst, findest du unter
machberlingross.de
servicestelle@senbjf.berlin.de | Telefon 030 90227 5577

Vermisst:

Krähe Johanna

Wohnhaft: hier im Hof

Besondere Kennzeichen: teilweise weiße Flugfedern, blaue Augen, (noch) flugunfähig

Johanna wurde am 13.6. ca. 20 Uhr zuletzt im Hof gesehen. Falls jemand Johanna mitgenommen hat, bitte in den Hof zurücksetzen. Sie isst noch kaum selbstständig und wird von mir regelmäßig versorgt. Auch ihre Eltern sind noch mit ihr in Kontakt. Sie hasst Gefangenschaft und ist alt genug um die Nacht sicher auf höheren Ästen in einem Busch zu verbringen.

Falls jemand etwas über Johanna weiß bitte melden unter

Tel:

Wielandstraße | Charlottenburg | notesofberlin.com

SO

15

JUN

WANTED

Gut gelaunte Halb-Asiatin (20), die gerne Pfannenkuchen am Sonntag backt sucht ein günstiges Zimmer in chilliger WG !

Einzugsdatum: 13
Bevorzugte Lage /X-Berg/Prenzelberg/Mitte
Belohnung: gutes Wein
takt: zimmerf

Friedrichshain | notesofberlin.com

MO
16
JUN

AUFZUG

PIZZA AUF
VORDACH
GEFUNDEN!

SIE IST CA 28cm GROß.
MIT MOZZARELLA BELEGT
UND KANN AUF DEM VORDACH
IM HOF ABGEHOLT WERDEN..

Lychener Straße | Prenzlauer Berg | notesofberlin.com

DI
17
JUN

FAHRRAD GEFUNDEN

SORRY!!!

Ich habe in der Nacht von
Samstag zu Sonntag (9./10.6.)
ein unangeschlossenes Fahrrad
hier gefunden. Ich war betrun-
ken und bin damit nach Hause
gefahren. Das tut mir sehr
Leid und ich würde es gerne
zurückgeben: 01577 1411

Kater Holzig | Mitte | notesofberlin.com

MI
18
JUN

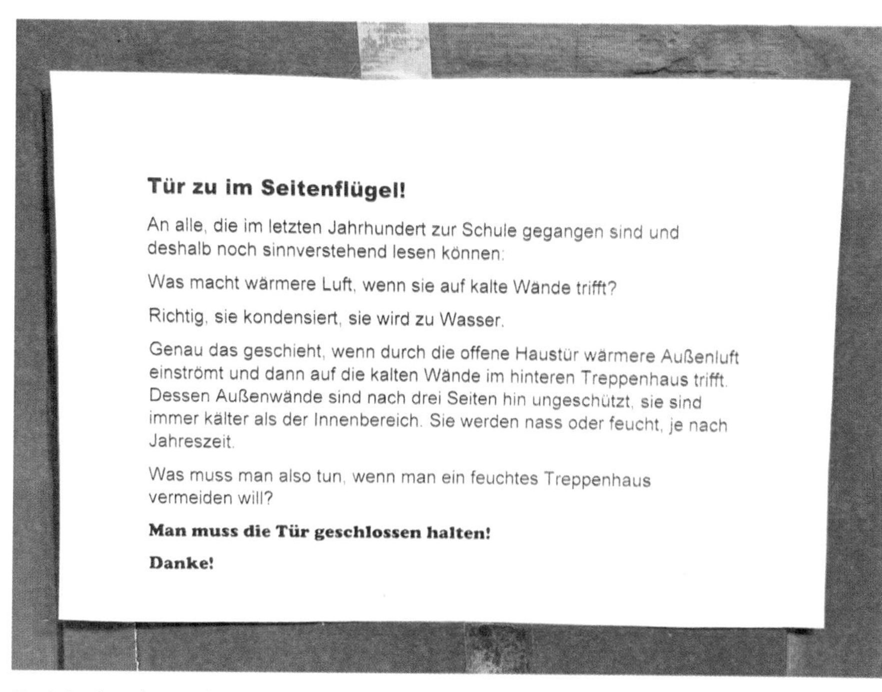

Charlottenburg | notesofberlin.com

DO
19
JUN

Kopenhagener Straße | Prenzlauer Berg | notesofberlin.com

FR
20
JUN

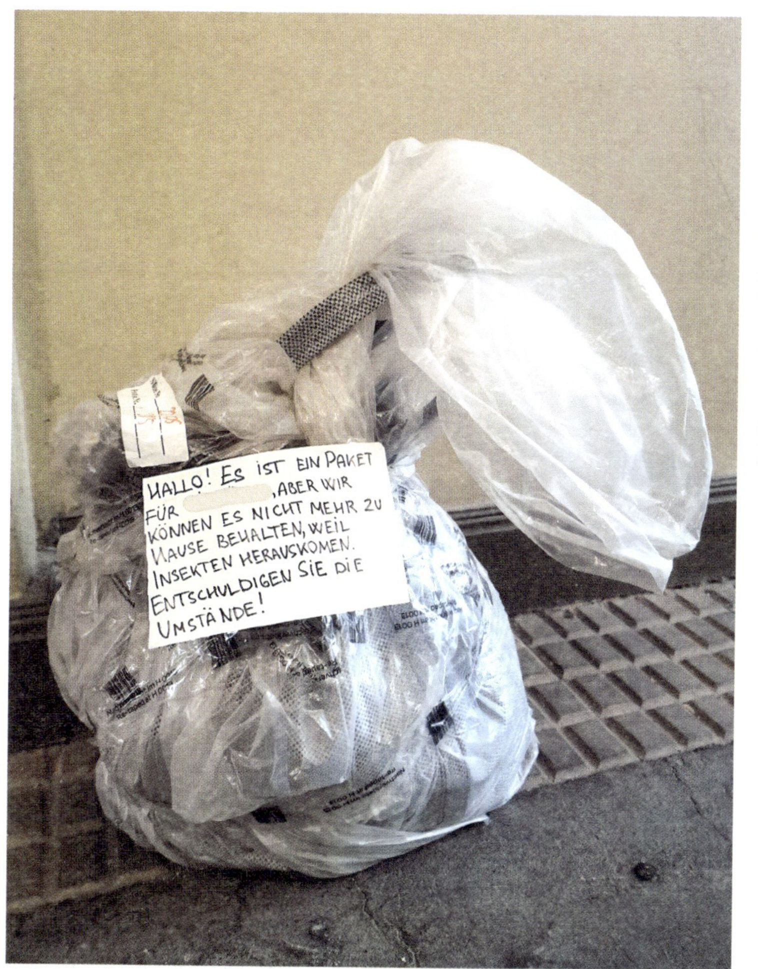

Proskauer Straße | Friedrichshain | notesofberlin.com

SA
21
JUN

Zionskirchplatz | Prenzlauer Berg | notesofberlin.com

S-Bahnhof Jungfernheide | Charlottenburg | notesofberlin.com

MO
23
JUN

Prenzlauer Berg | notesofberlin.com

DI
24
JUN

Schlosspark | Charlottenburg | notesofberlin.com

MI
25
JUN

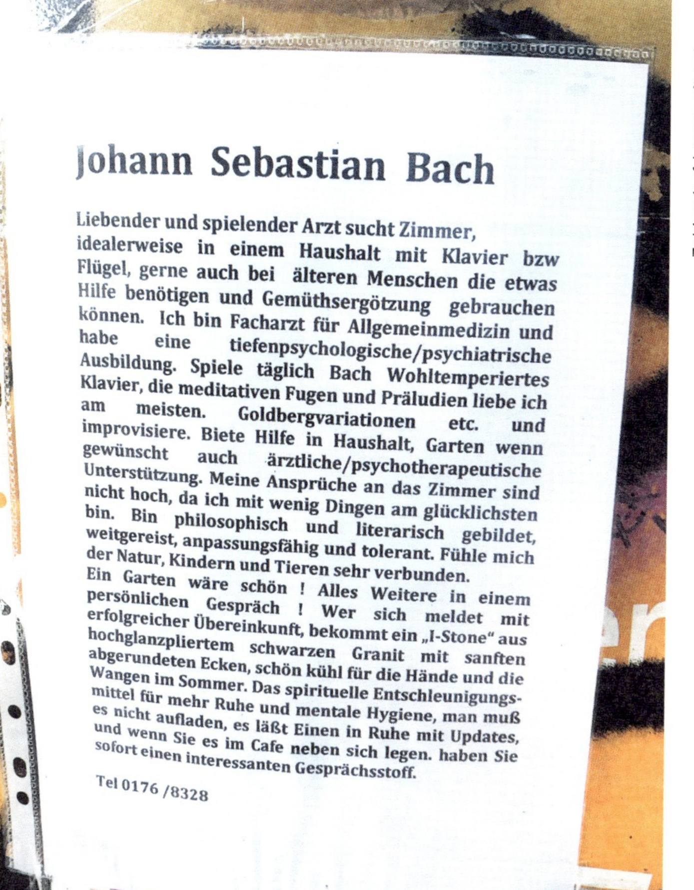

Johann Sebastian Bach

Liebender und spielender Arzt sucht Zimmer, idealerweise in einem Haushalt mit Klavier bzw Flügel, gerne auch bei älteren Menschen die etwas Hilfe benötigen und Gemüthsergötzung gebrauchen können. Ich bin Facharzt für Allgemeinmedizin und habe eine tiefenpsychologische/psychiatrische Ausbildung. Spiele täglich Bach Wohltemperiertes Klavier, die meditativen Fugen und Präludien liebe ich am meisten. Goldbergvariationen etc. und improvisiere. Biete Hilfe in Haushalt, Garten wenn gewünscht auch ärztliche/psychotherapeutische Unterstützung. Meine Ansprüche an das Zimmer sind nicht hoch, da ich mit wenig Dingen am glücklichsten bin. Bin philosophisch und literarisch gebildet, weitgereist, anpassungsfähig und tolerant. Fühle mich der Natur, Kindern und Tieren sehr verbunden.
Ein Garten wäre schön ! Alles Weitere in einem persönlichen Gespräch ! Wer sich meldet mit erfolgreicher Übereinkunft, bekommt ein „*I-Stone*" aus hochglanzpliertem schwarzen Granit mit sanften abgerundeten Ecken, schön kühl für die Hände und die Wangen im Sommer. Das spirituelle Entschleunigungsmittel für mehr Ruhe und mentale Hygiene, man muß es nicht aufladen, es läßt Einen in Ruhe mit Updates, und wenn Sie es im Cafe neben sich legen. haben Sie sofort einen interessanten Gesprächsstoff.

Tel 0176 /8328

Zehlendorf | notesofberlin.com

DO
26
JUN

U-Bahnhof Eisenacher Straße | Schöneberg | notesofberlin.com

FR
27
JUN

Liebe Nachbarin,

(groß, blond, Vokuhila-Frisur)

bitte entsorgen Sie ihren Sperrmüll bei der BSR!

Vergessen Sie ihre Waschmaschine aus dem Park nicht!

Es ist nicht in Ordnung den Lebensraum von allen Anwohnenden zu verdrecken!

Das Ordnungsamt ist informiert!

Ihre Nachbarn

Paulusstraße | Moabit | notesofberlin.com

Warschauer Straße | Friedrichshain | notesofberlin.com

SO
29
JUN

Antonienstraße | Reinickendorf | notesofberlin.com

MO
30
JUN

NOTES OF BERLIN IST EINE HOMMAGE AN ALL DIE NOTIZEN, DIE BERLIN TAGTÄGLICH IN SEINEM STADTBILD HINTERLÄSST.

HIER KANNST DU NOTES OF BERLIN FOLGEN:

notesofberlin.com

@notesofberlin

@notesofberlin

Notes of Berlin

@notesofberlin

UND HIER KANNST DU EIGENE FUNDSTÜCKE EINREICHEN:

notes@notesofberlin.com

Heute wahrscheinlich geschlossen!

Zossenerstraße | Kreuzberg | notesofberlin.com

DI
1
JUL

Pankow | notesofberlin.com

MI
2
JUL

Neues Textdokument

Kein Komma

ACHTUNG!!!!!

Aufgrund eines Geburtstages, möchte ich mich schon einmal im vorraus entschuldigen, falls es etwas lauter werden sollte. Komma

MFG: Herr

Wo findet diese Party statt? :)

Happy Birthday :) Enjoy :)

Tipp: Eigentlich kann man „sich" nicht entschuldigen
Richtigerweise bittet man um Entschuldigung

Ansonsten: Have fun!
Nehmt Rücksicht!

Seite 1

Oranienstraße | Kreuzberg | notesofberlin.com

DO
3
JUL

Lichtenberg | notesofberlin.com

FR
4
JUL

ANNABELLE

wir, also deine charmante
Oma Anna, Du und ich haben
uns im **Thaipark** am **2. Juli**
kennengelernt. Deine Oma
hatte Udon Nudeln gegessen,
ich Khao Pad. Uns beiden hat
es sehr geschmeckt.
Dich würde ich gerne
wiedersehen. Wäre schön,
wenn Du dich hier meldest
01577182
Christian

Weserkiez | Neukölln | notesofberlin.com

SA
5
JUL

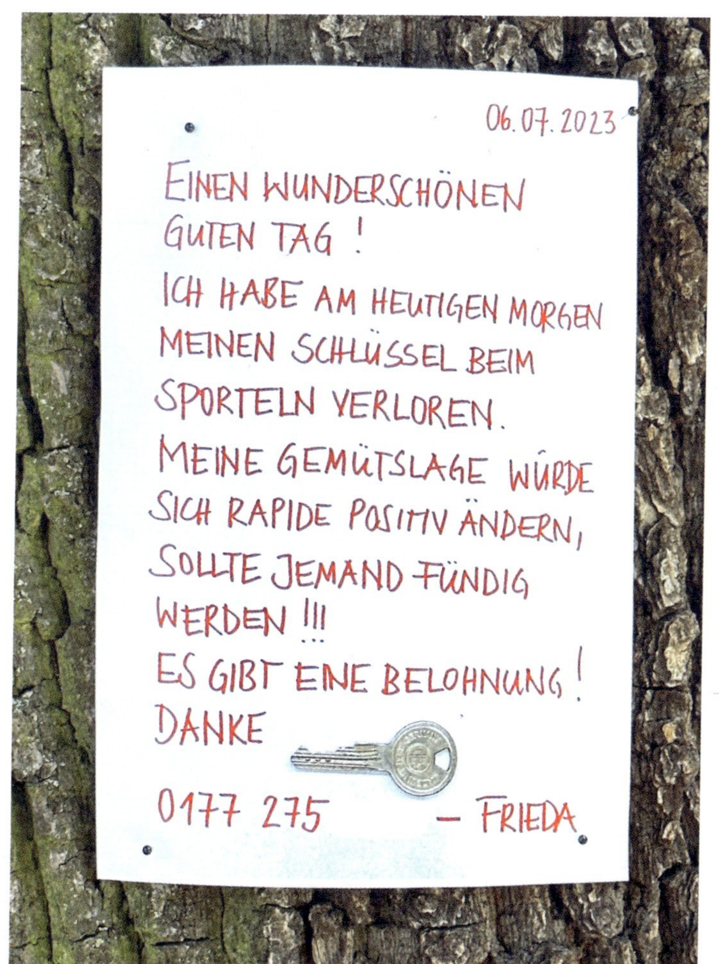

Volkspark Friedrichshain | notesofberlin.com

SO
6
JUL

DIE NOTES-POSTKARTEN.
JETZT BEI UNS IM SHOP!

HIER GEHT'S ZUM SHOP!

Akazienstraße | Schöneberg | notesofberlin.com

MO
7
JUL

Sollte das Schwein erwischt werden,
welches im Haus zwischen den Etagen
uriniert, wird es bis zu seinem Lebensende
einen Dauerkatheter tragen müssen!
Falls noch eine Pfütze auftauchen sollte,
wird eine Urinprobe genommen und
zusammen mit der Anzeige an die Polizei
gehen. Die Hausverwaltung ist ebenfalls
informiert. Es wird primär vermutet, dass
es sich um Hausbewohner handelt, da kein
Fremder absichtlich zwischen den Etagen
(1. - 2. und 2. - 3.) pinkeln würde und
zwar mitten am Tag! Es ist ekelhaft und
gehört bestraft nach § 303 StGB.

Mit freundlichen Grüßen

Dennewitzplatz | Schöneberg | notesofberlin.com

DI
8
JUL

Mitte | notesofberlin.com

MI
9
JUL

Zwinglistraße | Moabit | notesofberlin.com

DO
10
JUL

Schwartzkopffstraße | Mitte | notesofberlin.com

FR
11
JUL

Hallo !

Hello !

vor Jahren habt Ihr FOTOALBEN von mir hier
aufgesammelt...

Ich war zu der Zeit Obdachlos, konnte nirgendwo meine
Sachen
abstellen. Und verlor Ihre Telefonnummer, die Ihr bei der
Bürger-
hilfe ließen.

Vielleicht habt Ihr diese Alben noch irggendwo im Keller ??

Dann rufen Sie mich bitte an: 0151 711 31
(LAURENCE)

Ich vermisse diese bilder sehr, vor allem die von meiner
Tochter.

(Vielen Dank, daß Sie sich solche Mühe damals gegeben
habt)

Kreuzberg | notesofberlin.com

SA
12
JUL

PUZZLE
1000
TEILE
1000 TEILE
PUZZLE
MÖGEN DEINE NERVEN MIT DIR SEIN!
DIE NOTES-PUZZLE MIT 1.000 TEILEN.
HIER GEHT'S ZUM SHOP!

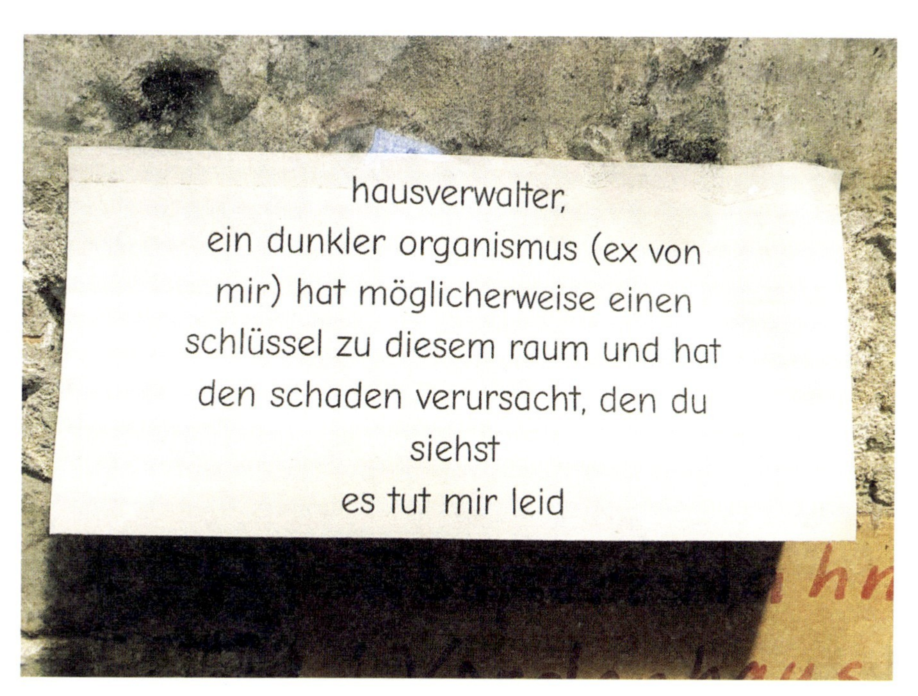

Reuterstraße | Neukölln | notesofberlin.com

"Ich ↗ die Pflanze
wurde
geklaut."

Goltzstraße | Schöneberg | notesofberlin.com

MO
14
JUL

Schwedter Straße | Prenzlauer Berg | notesofberlin.com

DI

15

JUL

An die sympathische junge Dame, die einem fremden Mann ein „guten Appetit" gewünscht hat…
Vielleicht die nächste Pizza zusammen essen?
Liebe Grüße
von Unbekannt :)

DAS IST EIN WOHNHAUS….
AM BESTEN PARSHIPPEN oder SINGLEBÖRSE

Kreuzberg | notesofberlin.com

MI
16
JUL

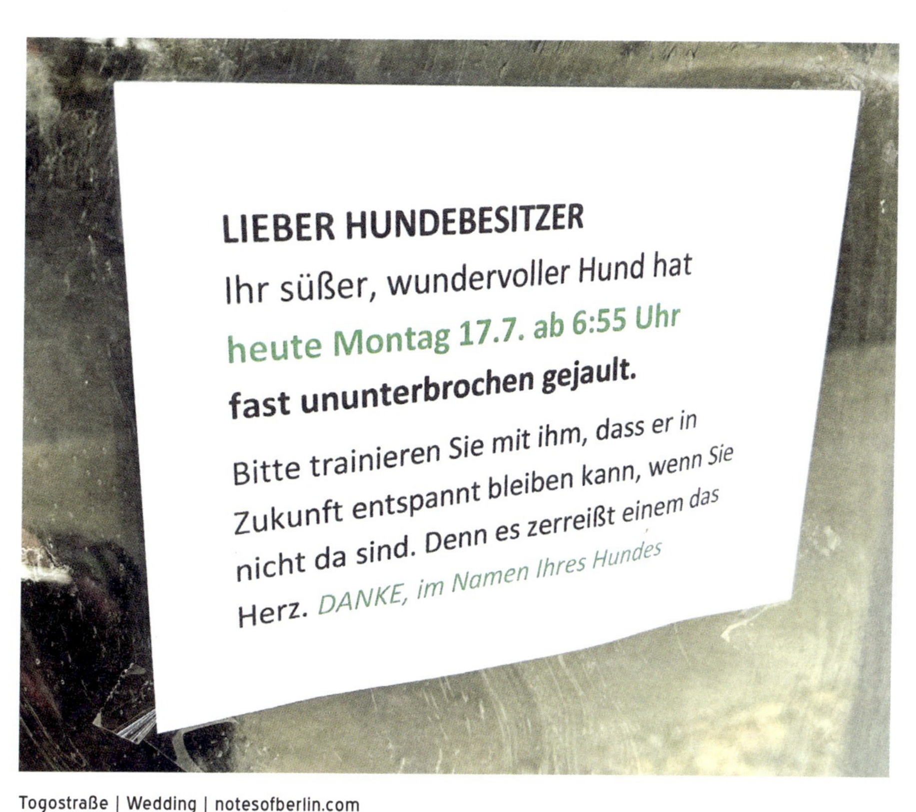

Togostraße | Wedding | notesofberlin.com

DO
17
JUL

Paul-Lincke-Ufer | Kreuzberg | notesofberlin.com

FR
18
JUL

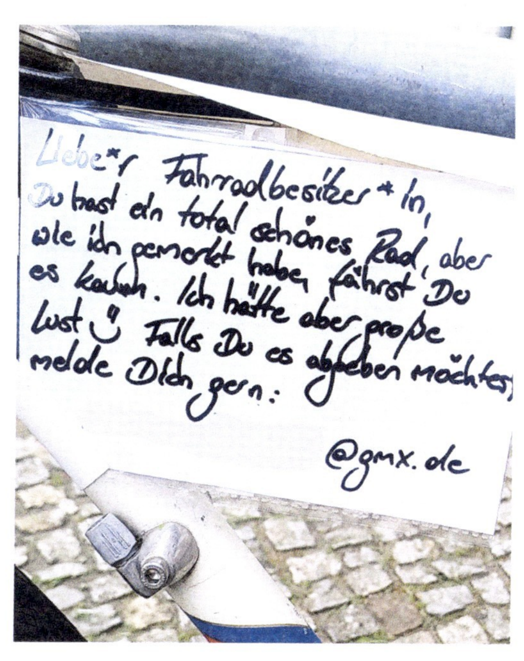

Klosterstraße | Mitte | notesofberlin.com

SA
19
JUL

Erich-Weinert-Straße | Prenzlauer Berg | notesofberlin.com

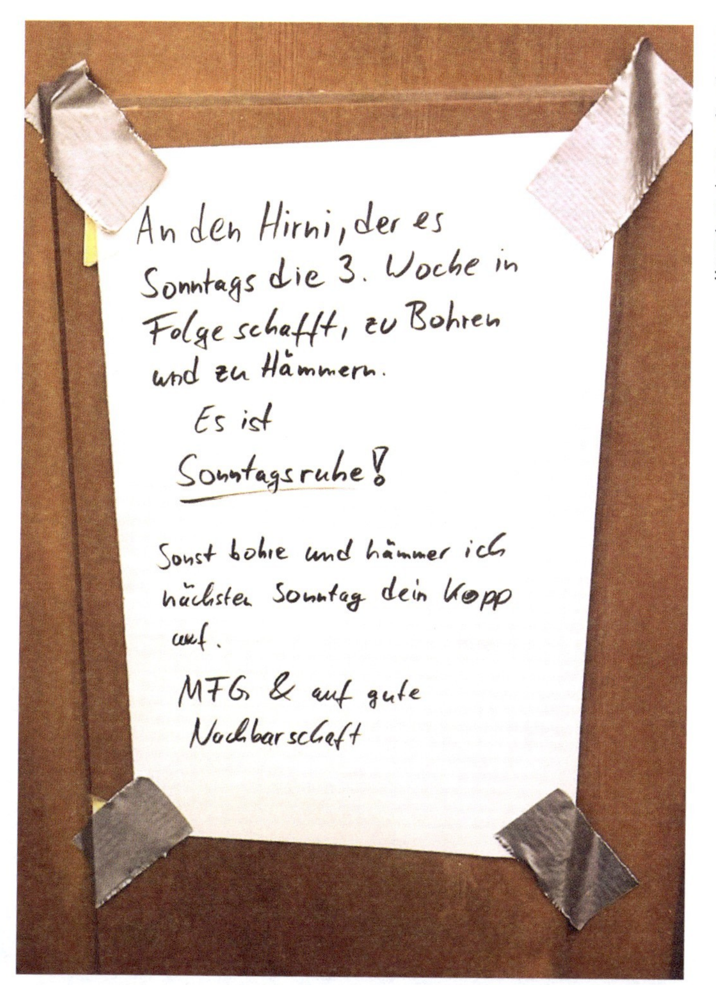

Kreuzberg | notesofberlin.com

MO
21
JUL

Karl-Marx-Straße | Neukölln | notesofberlin.com

DI
22
JUL

Dont believe me!
PHILIPS
e-schrott-entsorgen.org
PLAN E
E-Schrott
einfach & richtig entsorgen

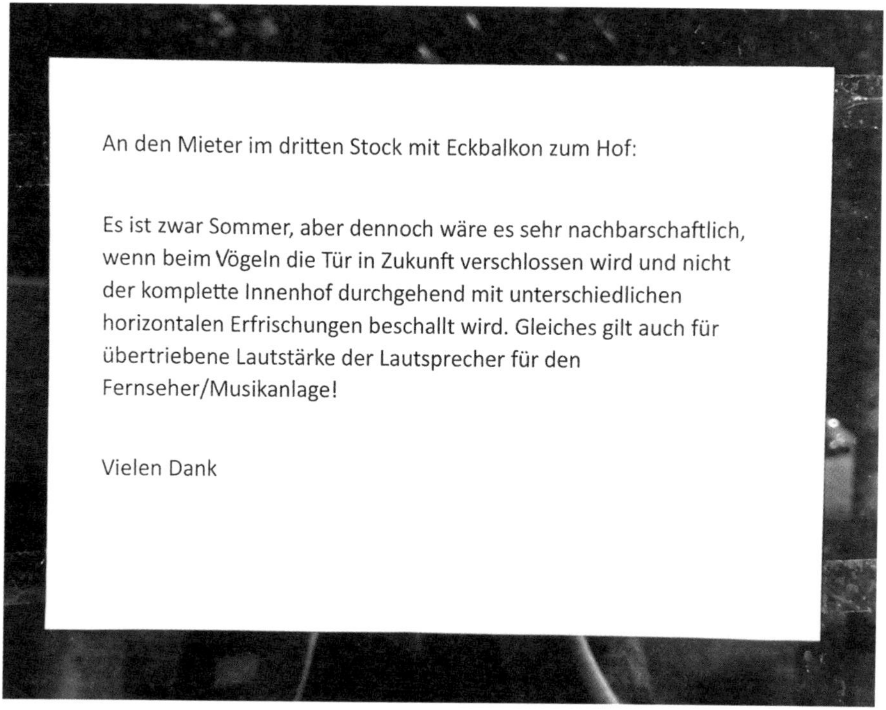

An den Mieter im dritten Stock mit Eckbalkon zum Hof:

Es ist zwar Sommer, aber dennoch wäre es sehr nachbarschaftlich, wenn beim Vögeln die Tür in Zukunft verschlossen wird und nicht der komplette Innenhof durchgehend mit unterschiedlichen horizontalen Erfrischungen beschallt wird. Gleiches gilt auch für übertriebene Lautstärke der Lautsprecher für den Fernseher/Musikanlage!

Vielen Dank

Mitte | notesofberlin.com

MI
23
JUL

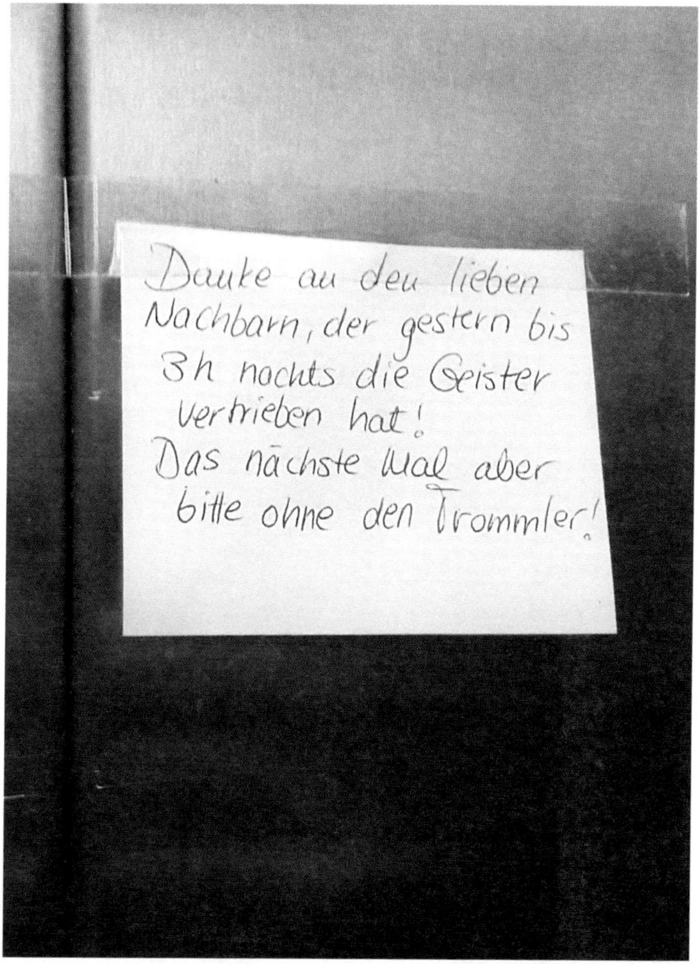

Danke an den lieben
Nachbarn, der gestern bis
3h nachts die Geister
vertrieben hat!
Das nächste Mal aber
bitte ohne den Trommler!

Reinickendorf | notesofberlin.com

DO
24
JUL

Friedenau | notesofberlin.com

Tempelhofer Feld | Neukölln | notesofberlin.com

SA
26
JUL

Vorsicht kratzende Katze ! ! ! !

aber bewundern, anbeten und so ….das ist schon okay ;)

Friedrichshain | notesofberlin.com

SO

27

JUL

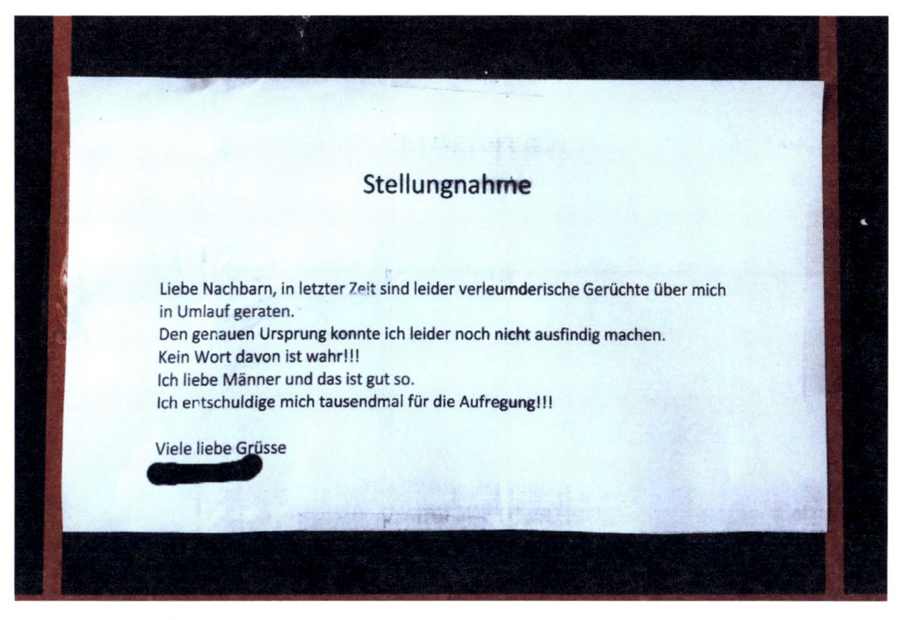

Stellungnahme

Liebe Nachbarn, in letzter Zeit sind leider verleumderische Gerüchte über mich in Umlauf geraten.
Den genauen Ursprung konnte ich leider noch nicht ausfindig machen.
Kein Wort davon ist wahr!!!
Ich liebe Männer und das ist gut so.
Ich entschuldige mich tausendmal für die Aufregung!!!

Viele liebe Grüsse

Bautzener Straße | Schöneberg | notesofberlin.com

Lichtenberg | notesofberlin.com

DI
29
JUL

Pankow | notesofberlin.com

MI
30
JUL

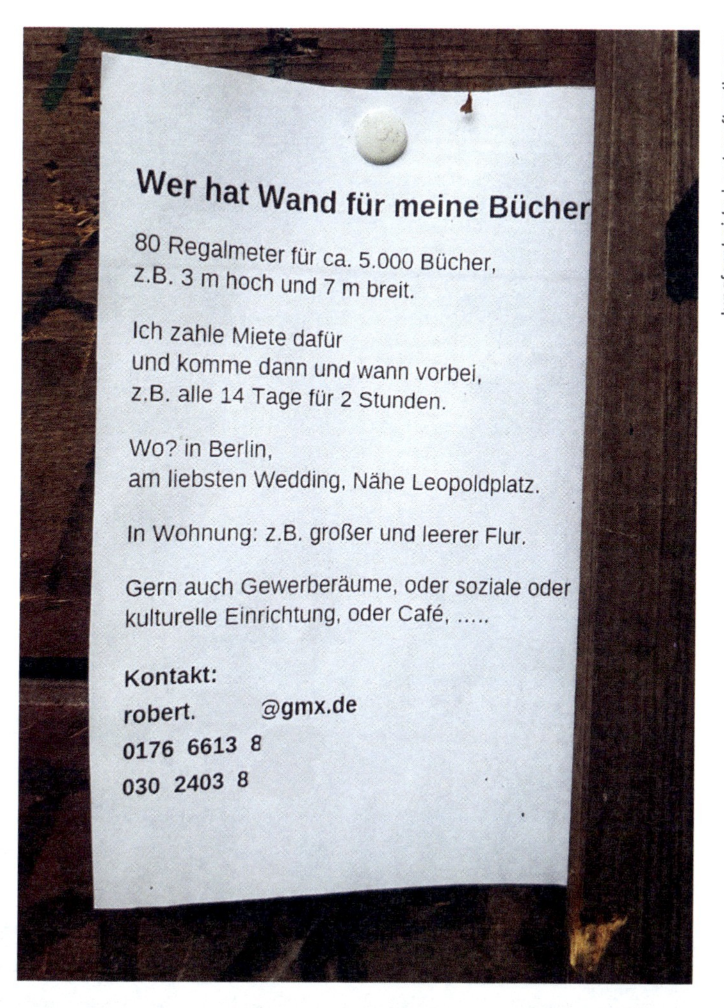

Jungfernheide | notesofberlin.com

DO
31
JUL

HIER IST KEIN
ANWALT!!!!

FR
1
AUG

Charlottenburg | notesofberlin.com

Liebe Nachbarin,
wenn Du Dich um 4:00 nachts
von einem Typen ficken lässt, der
Dich noch nicht mal zum Kommen
bringt, dann mach das doch bitte
bei geschlossenem Fenster. Es ist
echt traurig zu hören, dass er Dich
danach auch noch vollabert.
Kann Dir sehr gute Vibratoren
(Dr Wanda) und feministische
Literatur zum Thema Mansplaining
empfehlen (M. Stokowski "Untenrum frei"). Und den Typen würd
ich abschießen!

An den Dude, der lange
braucht, um zu kommen:

- weniger Alkohol (mehr Gefühl)
- "OMG Yes" ist eine Seite auf der Du lernen kannst, wie man eine Frau zum Orgasmus bringt
- wenn Du sie nicht zum Orgasmus bringst, dann halt danach die Fresse!

Neukölln | notesofberlin.com

SA
2
AUG

Achtung!

Wer hat hier am 2.8. gegen 14.45 Uhr eine Transport-box mit 2 Meerschweinchen mitgenommen??
Mein Sohn und ich standen auf der Brücke und hatten, weil es so heiß war, die Tiere ein paar Schritte weiter in den Schatten gestellt. Die Meerschweinchen wurden nicht ausgesetzt!!
Wir sind sehr, sehr traurig.
Ich bitte Sie darum, geben Sie uns die Tiere zurück!!!

Tel. 0162/ 8022

Hermannstraße | Neukölln | notesofberlin.com

SO
3
AUG

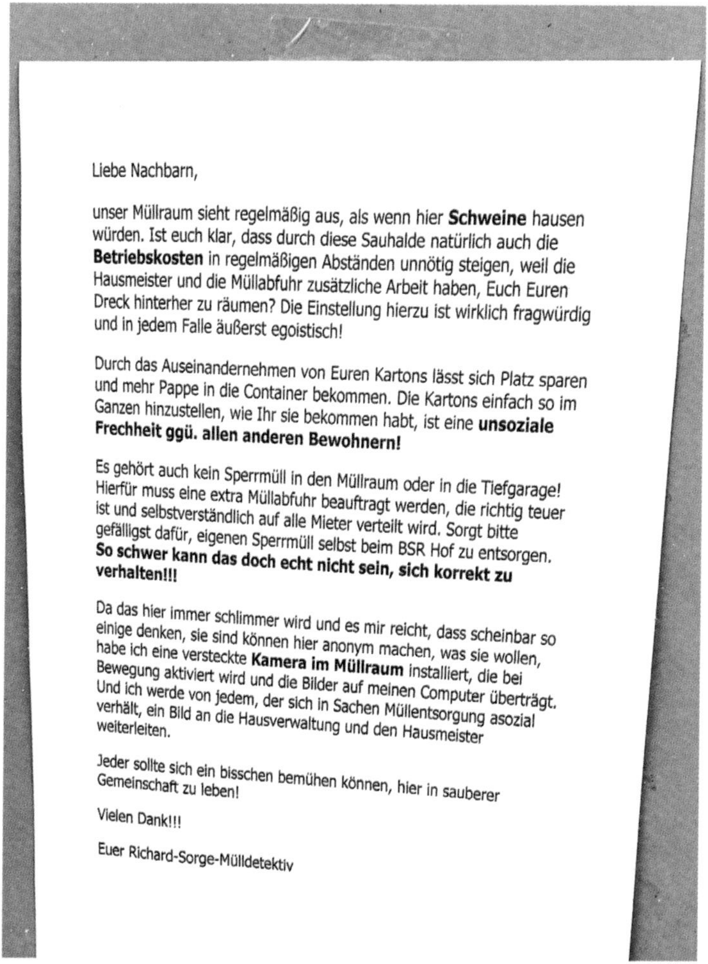

Liebe Nachbarn,

unser Müllraum sieht regelmäßig aus, als wenn hier **Schweine** hausen würden. Ist euch klar, dass durch diese Sauhalde natürlich auch die **Betriebskosten** in regelmäßigen Abständen unnötig steigen, weil die Hausmeister und die Müllabfuhr zusätzliche Arbeit haben, Euch Euren Dreck hinterher zu räumen? Die Einstellung hierzu ist wirklich fragwürdig und in jedem Falle äußerst egoistisch!

Durch das Auseinandernehmen von Euren Kartons lässt sich Platz sparen und mehr Pappe in die Container bekommen. Die Kartons einfach so im Ganzen hinzustellen, wie Ihr sie bekommen habt, ist eine **unsoziale Frechheit ggü. allen anderen Bewohnern!**

Es gehört auch kein Sperrmüll in den Müllraum oder in die Tiefgarage! Hierfür muss eine extra Müllabfuhr beauftragt werden, die richtig teuer ist und selbstverständlich auf alle Mieter verteilt wird. Sorgt bitte gefälligst dafür, eigenen Sperrmüll selbst beim BSR Hof zu entsorgen. **So schwer kann das doch echt nicht sein, sich korrekt zu verhalten!!!**

Da das hier immer schlimmer wird und es mir reicht, dass scheinbar so einige denken, sie sind können hier anonym machen, was sie wollen, habe ich eine versteckte **Kamera im Müllraum** installiert, die bei Bewegung aktiviert wird und die Bilder auf meinen Computer überträgt. Und ich werde von jedem, der sich in Sachen Müllentsorgung asozial verhält, ein Bild an die Hausverwaltung und den Hausmeister weiterleiten.

Jeder sollte sich ein bisschen bemühen können, hier in sauberer Gemeinschaft zu leben!

Vielen Dank!!!

Euer Richard-Sorge-Mülldetektiv

Friedrichshain | notesofberlin.com

MO
4
AUG

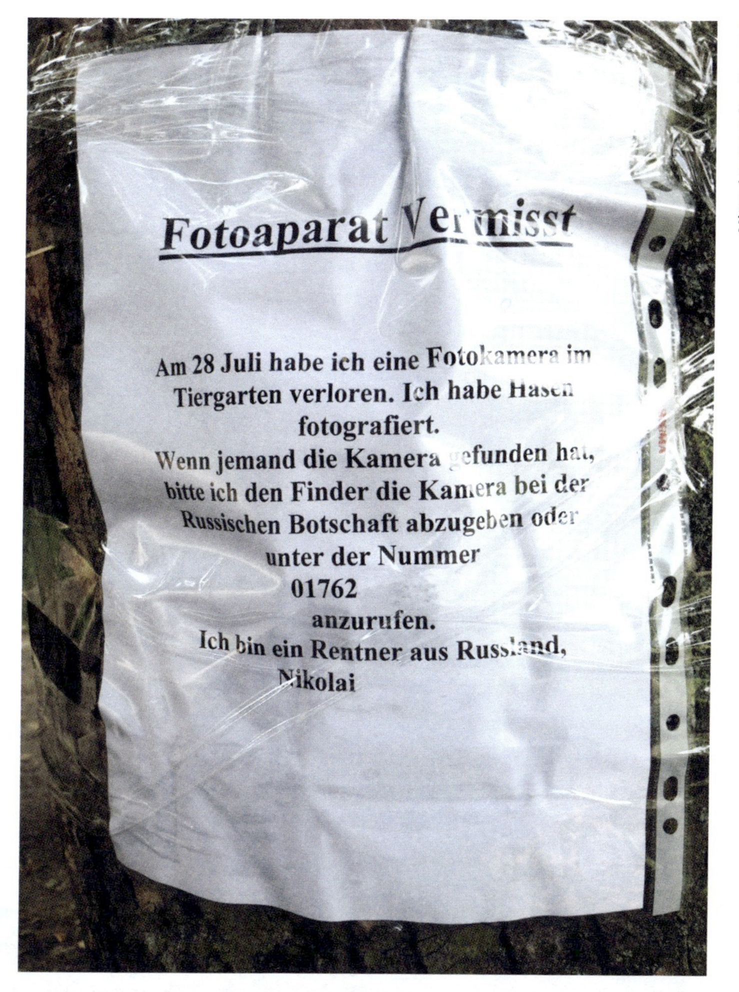

Mitte | notesofberlin.com

DI
5
AUG

Winskiez | Prenzlauer Berg | notesofberlin.com

MI
6
AUG

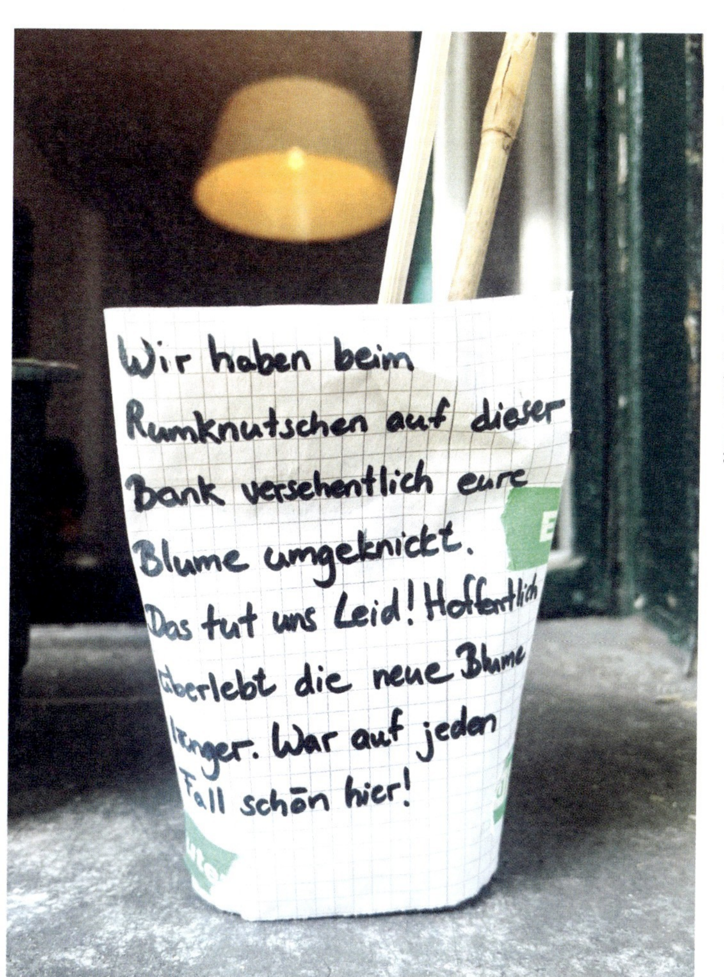

Nazarethkirchstraße | Wedding | notesofberlin.com

DO
7
AUG

Music Class!
AUGUST. 10th. 2023
(1 hour) Tursday 10:00 AM
I am 8 years old and I am theaching a Singing class for kids.(Beginners). It will Be in the back yard on August. 10th 2023 10:00 AM!

Mitte | notesofberlin.com

FR
8
AUG

Frankfurter Allee | Lichtenberg | notesofberlin.com

SA
9
AUG

Kreuzberg | notesofberlin.com

Mitte | notesofberlin.com

MO
11
AUG

Wiclefstraße | Moabit | notesofberlin.com

DI
12
AUG

Würde gerne mit der hübschen
Frau, mit der ich am 10 August
gegen 12^{00} uhr bei Aldi ins
Gespräch kam in Kontakt
treten.
Sie hatten gegen einen Kaffee
zu zweit nichts gegen.
Hatte in meiner Aufregung
vergessen nach Kontaktdaten
zu fragen.
Falls Interesse besteht
0173

Annenstraße | Mitte | notesofberlin.com

MI
13
AUG

Kopenhagener Straße | Prenzlauer Berg | notesofberlin.com

DO
14
AUG

Bergmannkiez | Kreuzberg | notesofberlin.com

FR
15
AUG

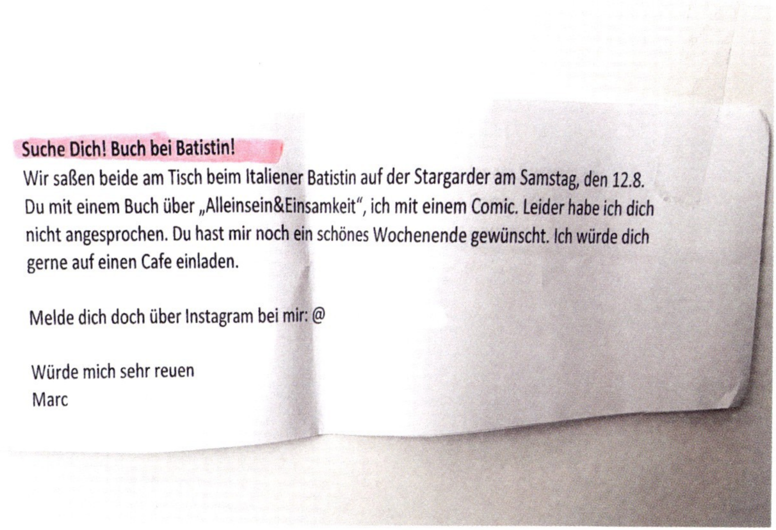

Suche Dich! Buch bei Batistin!

Wir saßen beide am Tisch beim Italiener Batistin auf der Stargarder am Samstag, den 12.8. Du mit einem Buch über „Alleinsein&Einsamkeit", ich mit einem Comic. Leider habe ich dich nicht angesprochen. Du hast mir noch ein schönes Wochenende gewünscht. Ich würde dich gerne auf einen Cafe einladen.

Melde dich doch über Instagram bei mir: @

Würde mich sehr reuen
Marc

Stargarder Straße | Prenzlauer Berg | notesofberlin.com

SA
16
AUG

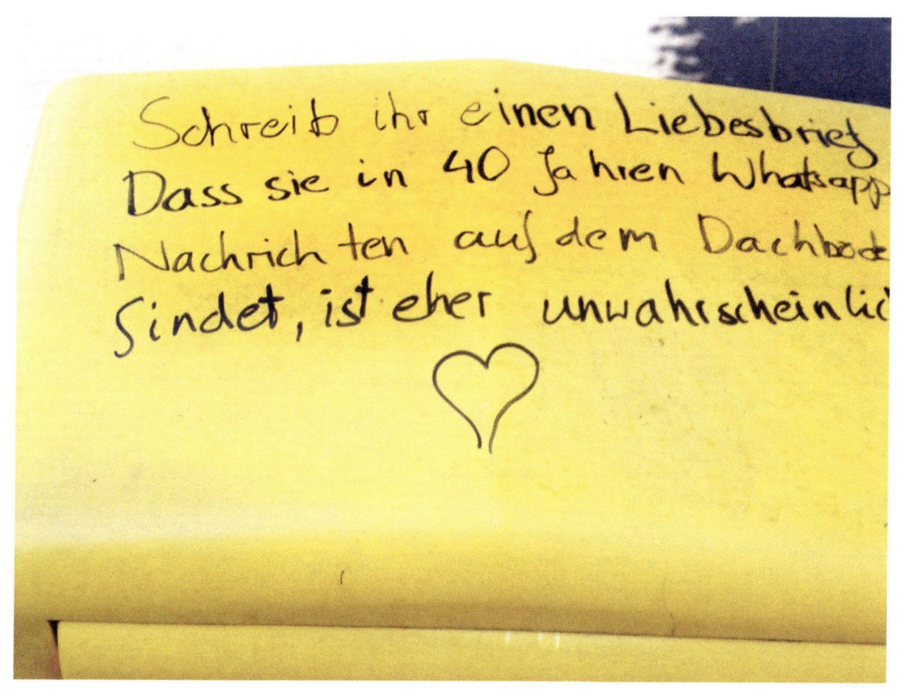

Kreuzberg | notesofberlin.com

Plesser Straße | Alt-Treptow | notesofberlin.com

MO
18
AUG

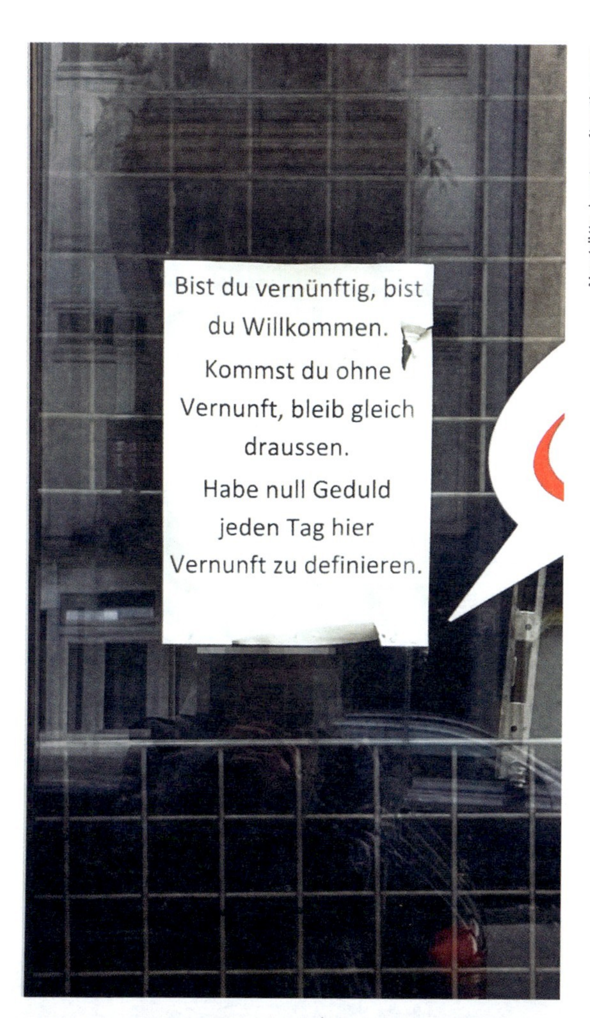

Neukölln | notesofberlin.com

DI
19
AUG

Ostkreuz | Friedrichshain | notesofberlin.com

MI
20
AUG

Kaiser-Friedrich-Straße | Charlottenburg | notesofberlin.com

DO
21
AUG

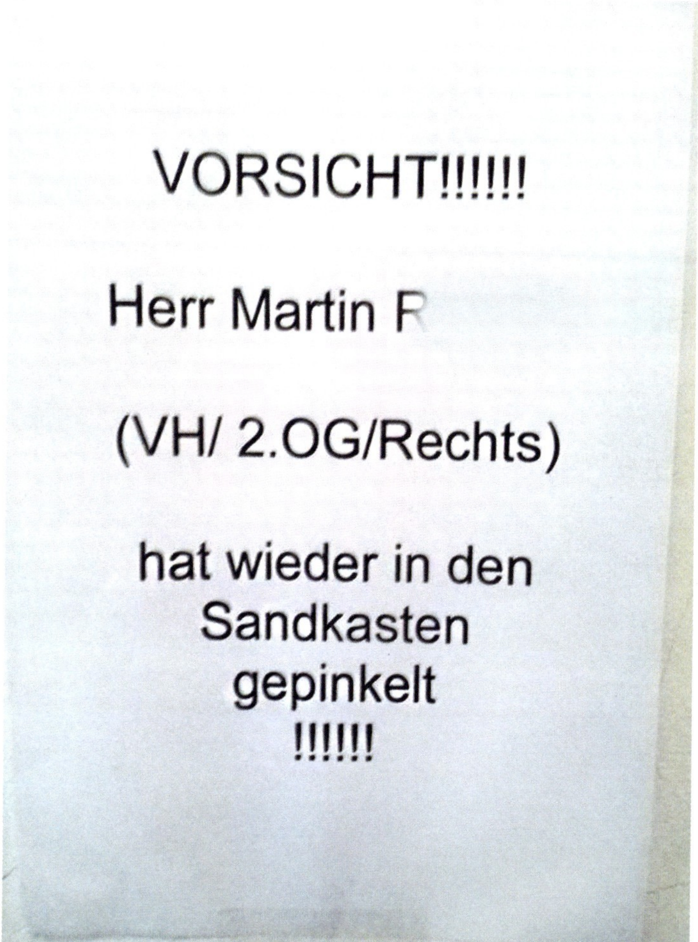

VORSICHT!!!!!!

Herr Martin R

(VH/ 2.OG/Rechts)

hat wieder in den
Sandkasten
gepinkelt
!!!!!!

Lichtenberg | notesofberlin.com

Lieber Nachbar,

ich war am Wochenende
so zugelötet, dass ich
auf allen Vieren nach
Hause gekommen bin. Hätte mir
dann fast 'ne Platzwunde und
Gehirnerschütterung an deinem
Gerümpel im Hausflur zugezogen.
Konnte gerade noch ausweichen, puh!
Wäre cool wenn du deinen Kram
zeitnah wegräumst, damit ich wieder
ungefährdet besoffen sein kann.

Liebe Grüße

Reuterstraße | Neukölln | notesofberlin.com

SA
23
AUG

Is anyone missing a pet rat?

(It's in my kitchen and I don't know what to do lol)

0176 621 79

Reichenberger Straße | Kreuzberg | notesofberlin.com

SO

24

AUG

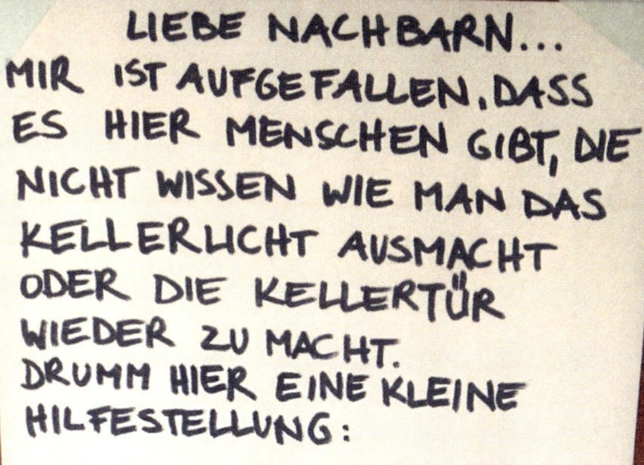

Fredersdorfer Straße | Friedrichshain | notesofberlin.com

Scheunenviertel | Mitte | notesofberlin.com

DI
26
AUG

AUS BESTIMMTEN GRÜNDEN HEUTE BIS 16⁰⁰ UHR geöffnet

Danke für die Verständnis

Charlottenburg | notesofberlin.com

MI
27
AUG

!! bitte lesen !!

Lieber Mieter, liebe Mieterin...
ist bei Ihnen alles inordnung?
seit Tagen, NEIN, seit Wochen bohren Sie jetzt
nun beinahe täglich...
Ich weiß ja nicht, ob ihnen aufgefallen ist,
das sie NICHT allein in diesem Haus
Wohnen aber unter eben diesen Leuten gibt
es berufstätige Menschen, die Nachts arbeiten
müssen und daher morgens auf den Schlaf
angewiesen sind.

Ich flehe Sie an: bitte, bitte, bitte! lassen
sie das bohren am morgen sein!! WIR
KÖNNEN NICHT MEHR!!!

Ich weiß ja nicht was sie da mit ihrer WHG.
machen aber was sie mit uns tun ist Folter!
Wenn Sie hilfe brauchen, sagen Sie jemanden
bescheid, Hilfe findet sich immer aber bitte lassen
sie mich/uns schlafen!

Mit freundlichen Grüßen

eine übermüdete Mitmieterin ♡

Ich schliesse mich an!
Hier sind es ~~Wohnungen~~!!! Und
keine Arbeitswerkstatt!!
Hilfe! Ich will
meine Ruhe!!!

Hasenheide | Neukölln | notesofberlin.com

DO
28
AUG

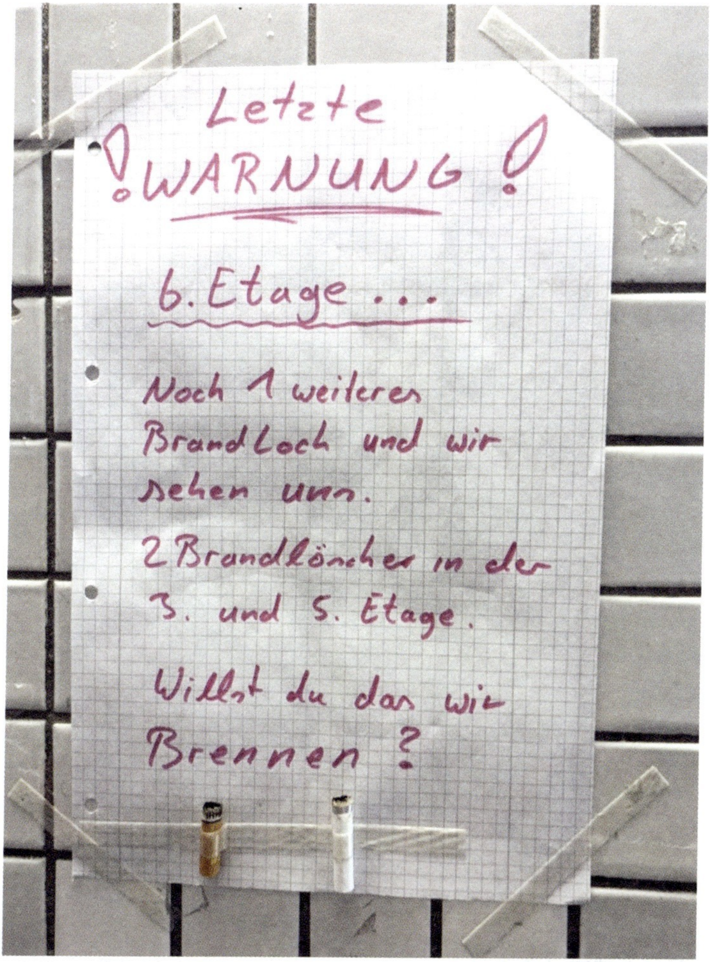

Letzte
! WARNUNG !

6. Etage ...

Noch 1 weiteres
Brandloch und wir
sehen uns.

2 Brandlöcher in der
3. und 5. Etage.

Willst du das wir
Brennen ?

Charlottenburg | notesofberlin.com

FR
29
AUG

Buch | notesofberlin.com

SA
30
AUG

Friedrichshain | notesofberlin.com

SO
31
AUG

MO
1
SEP

Wedding | notesofberlin.com

Weidenweg | Friedrichshain | notesofberlin.com

Liebe Nachbarn,

Mein Name ist Emma . Am 02.09.2023 habe ich Einschulung. Bitte seien Sie nicht böse, falls es am Abend etwas lauter wird. Diesen Tag möchte ich mit meiner Mamma und mit meinen Freundinnen und erwachsenen Freunden feiern.

Falls es zu laut sein sollte, klingeln Sie bitte bei uns und geben uns Bescheid. Meine Mamma und ich passen aber auf, dass es nicht zu doll wird.

Lass krachen!

Schönen ersten Schultag! :-)

Danke!!!!

Gieb alles!

Emma

Lass es Rocken

DI

2

SEP

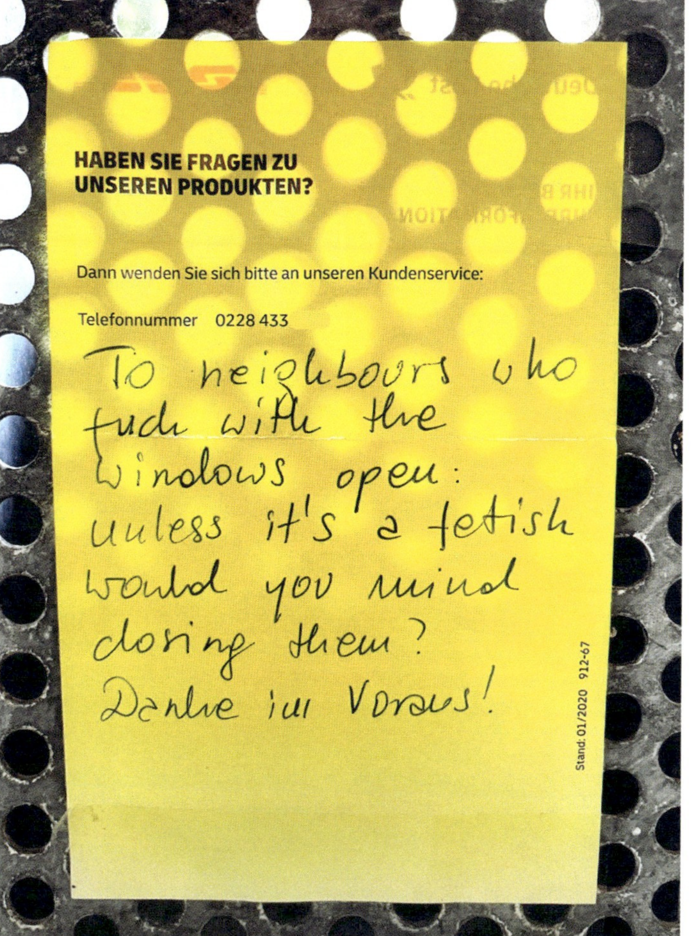

Anton-Saefkow-Straße | Prenzlauer Berg | notesofberlin.com

MI
3
SEP

Friedrichsfelde | notesofberlin.com

Hallo Halter von Tiger!!!

Dein Tiger (Beige, Statur und Größe vom Boxer aber Rauhhaar, 10 Jahre alt) und unser Izor genannt Inge hatten am Dienstag gegen 12 Uhr eine kleine Auseinandersetzung nachdem dein Tiger und unsere andere Hündin zusammen Spaß hatten. Sie konnten schnell getrennt werden und es sah erst nur nach einem kleinen Cut am Auge aus, von daher hielten wir es nicht für nötig Nummern zu tauschen. Leider kam das volle Ausmaß erst später zum Vorschein. Vier Cuts am Auge und und zwei am Kinn und Hals, so dass Inge medizinisch versorgt werden musste.
Bitte melde dich unter der **Nummer 0176/8318** damit wir uns einigen können.

DO
4
SEP

Der
Typ
mit
seinen 3 Hunden
↓
Scheiß vor deiner
eigenen Tür

Du
Vogel!

Landsberger Allee | Lichtenberg | notesofberlin.com

FR
5
SEP

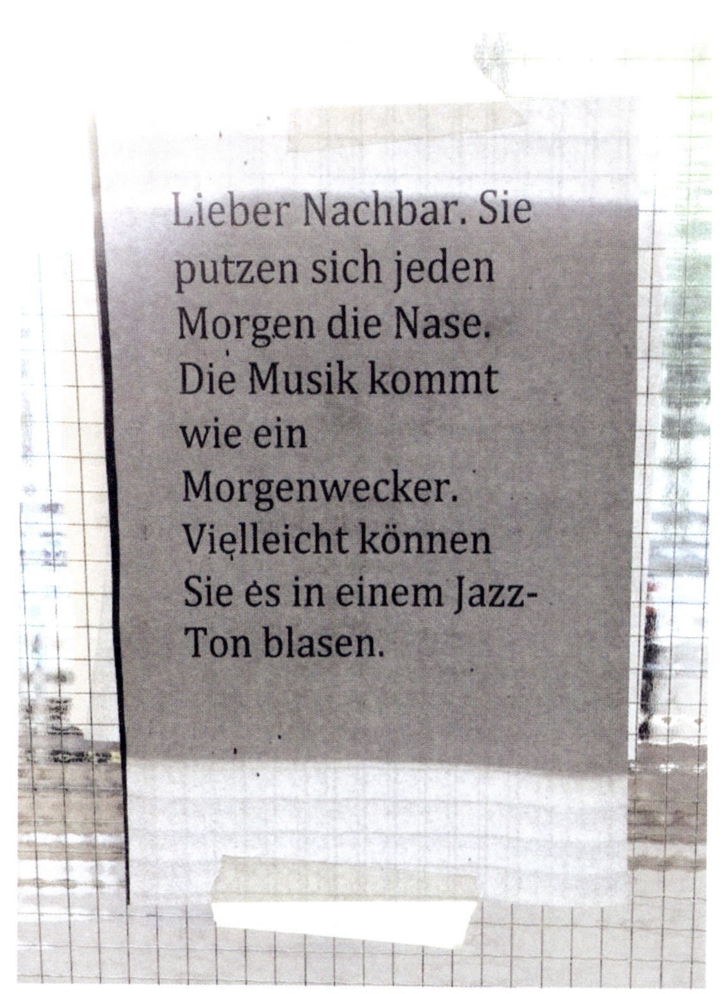

Meyerheimerstraße | Prenzlauer Berg | notesofberlin.com

SA
6
SEP

Rassismus
Homophobie
Sexismus
Haltet Berlin sauber!
FLUX FM
Die Alternative im Radio.
FLUX FM
Die Alternative im Radio.

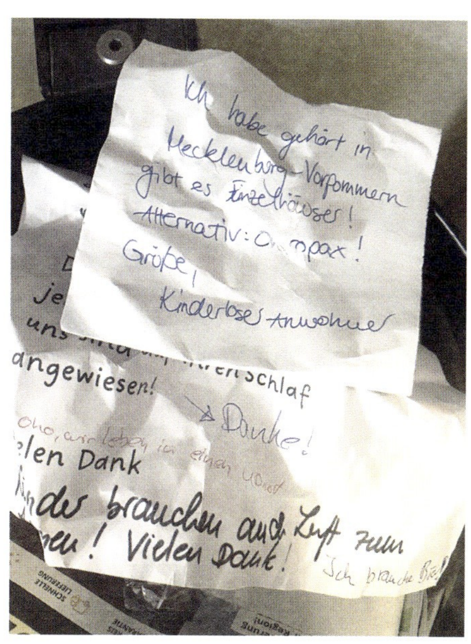

Mierendorff-Kiez | Charlottenburg | notesofberlin.com

SO

7

SEP

Kreuzberg | notesofberlin.com

MO
8
SEP

Museumsinsel | Mitte | notesofberlin.com

DI
9
SEP

Uhlandstraße | Wilmersdorf | notesofberlin.com

MI
10
SEP

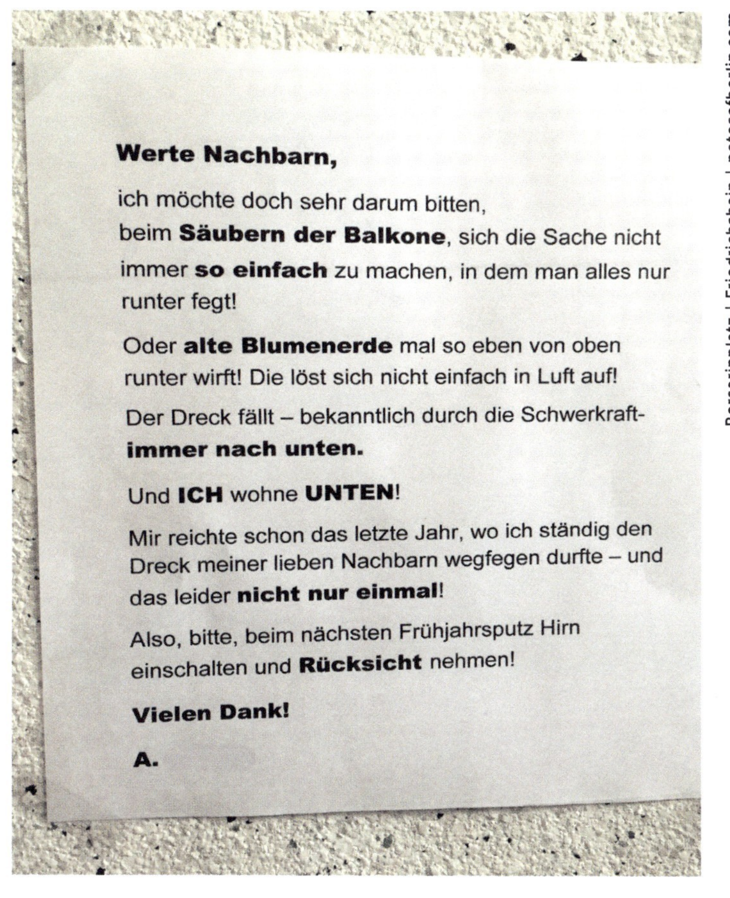
Werte Nachbarn,

ich möchte doch sehr darum bitten,
beim **Säubern der Balkone**, sich die Sache nicht immer **so einfach** zu machen, in dem man alles nur runter fegt!

Oder **alte Blumenerde** mal so eben von oben runter wirft! Die löst sich nicht einfach in Luft auf!

Der Dreck fällt – bekanntlich durch die Schwerkraft- **immer nach unten.**

Und **ICH** wohne **UNTEN**!

Mir reichte schon das letzte Jahr, wo ich ständig den Dreck meiner lieben Nachbarn wegfegen durfte – und das leider **nicht nur einmal**!

Also, bitte, beim nächsten Frühjahrsputz Hirn einschalten und **Rücksicht** nehmen!

Vielen Dank!

A.

Bersarinplatz | Friedrichshain | notesofberlin.com

DO
11
SEP

Dahlem | notesofberlin.com

FR
12
SEP

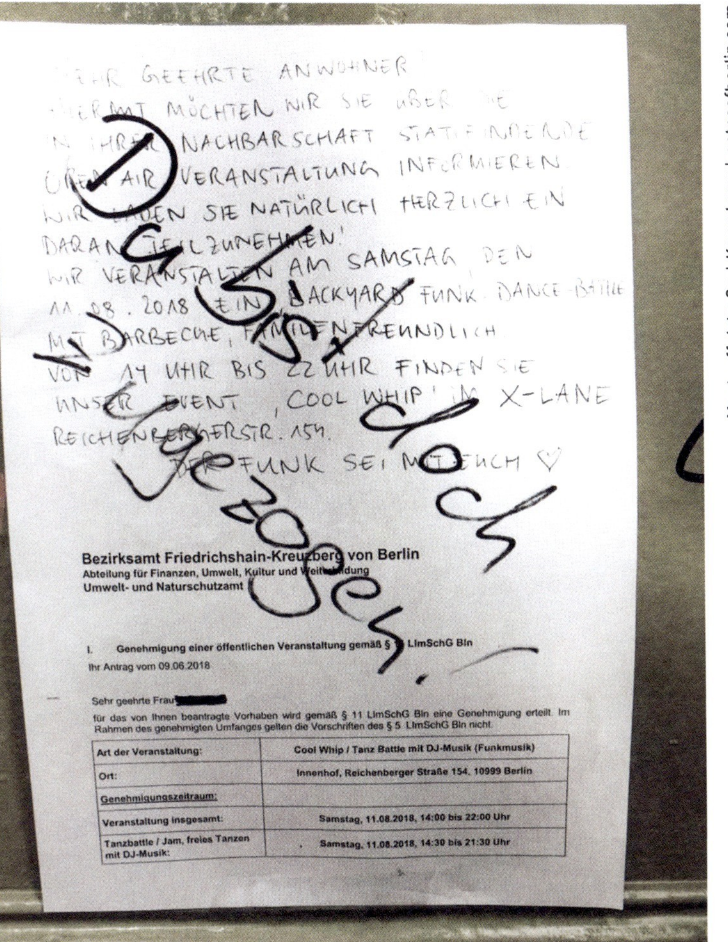
SEHR GEEHRTE ANWOHNER
HIERMIT MÖCHTEN WIR SIE ÜBER DIE
IN IHRER NACHBARSCHAFT STATTFINDENDE
OPEN AIR VERANSTALTUNG INFORMIEREN.
WIR LADEN SIE NATÜRLICH HERZLICH EIN
DARAN TEILZUNEHMEN!
WIR VERANSTALTEN AM SAMSTAG DEN
11.08.2018 EIN BACKYARD FUNK-DANCE-BATTLE
MIT BARBECUE, FAMILIENFREUNDLICH.
VON 14 UHR BIS 22 UHR FINDEN SIE
UNSER EVENT ‚COOL WHIP' IM X-LANE
REICHENBERGERSTR. 154.
DER FUNK SEI MIT EUCH ♡

Bezirksamt Friedrichshain-Kreuzberg von Berlin
Abteilung für Finanzen, Umwelt, Kultur und Weiterbildung
Umwelt- und Naturschutzamt

I. Genehmigung einer öffentlichen Veranstaltung gemäß § 11 LImSchG Bln

Ihr Antrag vom 09.06.2018

Sehr geehrte Frau

für das von Ihnen beantragte Vorhaben wird gemäß § 11 LImSchG Bln eine Genehmigung erteilt. Im Rahmen des genehmigten Umfanges gelten die Vorschriften des § 5 LImSchG Bln nicht.

Art der Veranstaltung:	Cool Whip / Tanz Battle mit DJ-Musik (Funkmusik)
Ort:	Innenhof, Reichenberger Straße 154, 10999 Berlin
Genehmigungszeitraum:	
Veranstaltung insgesamt:	Samstag, 11.08.2018, 14:00 bis 22:00 Uhr
Tanzbattle / Jam, freies Tanzen mit DJ-Musik:	Samstag, 11.08.2018, 14:30 bis 21:30 Uhr

Manteuffelstraße | Kreuzberg | notesofberlin.com

SA
13
SEP

Lieber nächtlicher „Fuuuck"-Schreier,

da du scheinbar in der Nacht besondere Probleme hast: Unter 030/390 63 10 (Berliner Krisendienst) findest du Hilfe.

Ansonsten, mach doch bitte dein Fenster zu.

Und noch was: Wenn du schon in der Nacht Musik brauchst, gibt es die Erfindung Kopfhörer!

Auf eine gesunde & ausgeschlafene Nachbarschaft.

Paul-Lincke-Ufer | Kreuzberg | notesofberlin.com

SO
14
SEP

Zehlendorf | notesofberlin.com

MO
15
SEP

Rotes Rathaus | Mitte | notesofberlin.com

DI
16
SEP

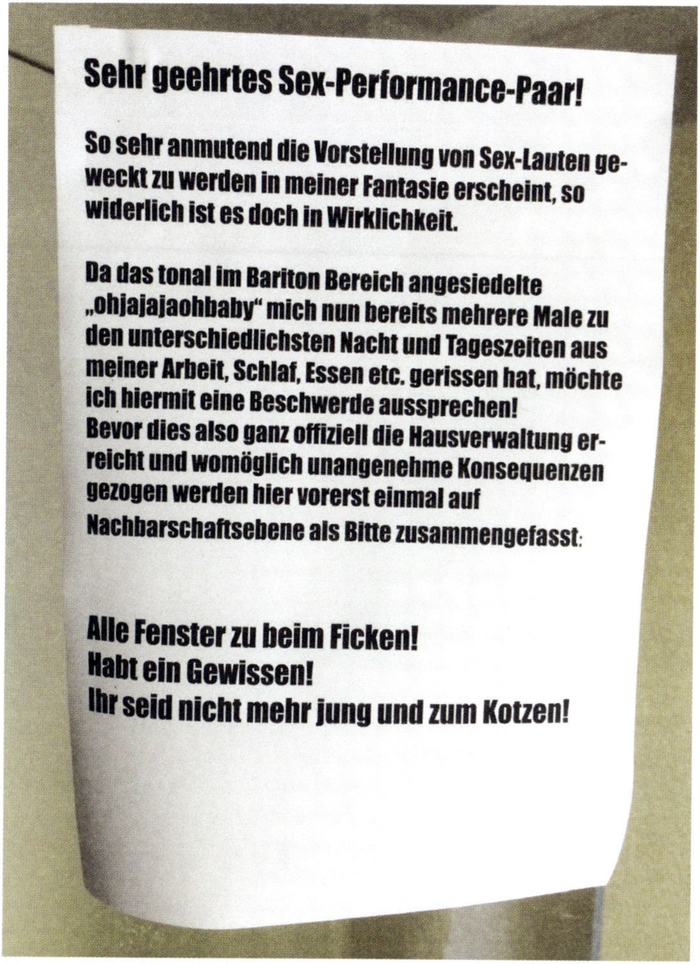

Sehr geehrtes Sex-Performance-Paar!

So sehr anmutend die Vorstellung von Sex-Lauten geweckt zu werden in meiner Fantasie erscheint, so widerlich ist es doch in Wirklichkeit.

Da das tonal im Bariton Bereich angesiedelte „ohjajajaohbaby" mich nun bereits mehrere Male zu den unterschiedlichsten Nacht und Tageszeiten aus meiner Arbeit, Schlaf, Essen etc. gerissen hat, möchte ich hiermit eine Beschwerde aussprechen!
Bevor dies also ganz offiziell die Hausverwaltung erreicht und womöglich unangenehme Konsequenzen gezogen werden hier vorerst einmal auf Nachbarschaftsebene als Bitte zusammengefasst:

Alle Fenster zu beim Ficken!
Habt ein Gewissen!
Ihr seid nicht mehr jung und zum Kotzen!

Neukölln | notesofberlin.com

MI
17
SEP

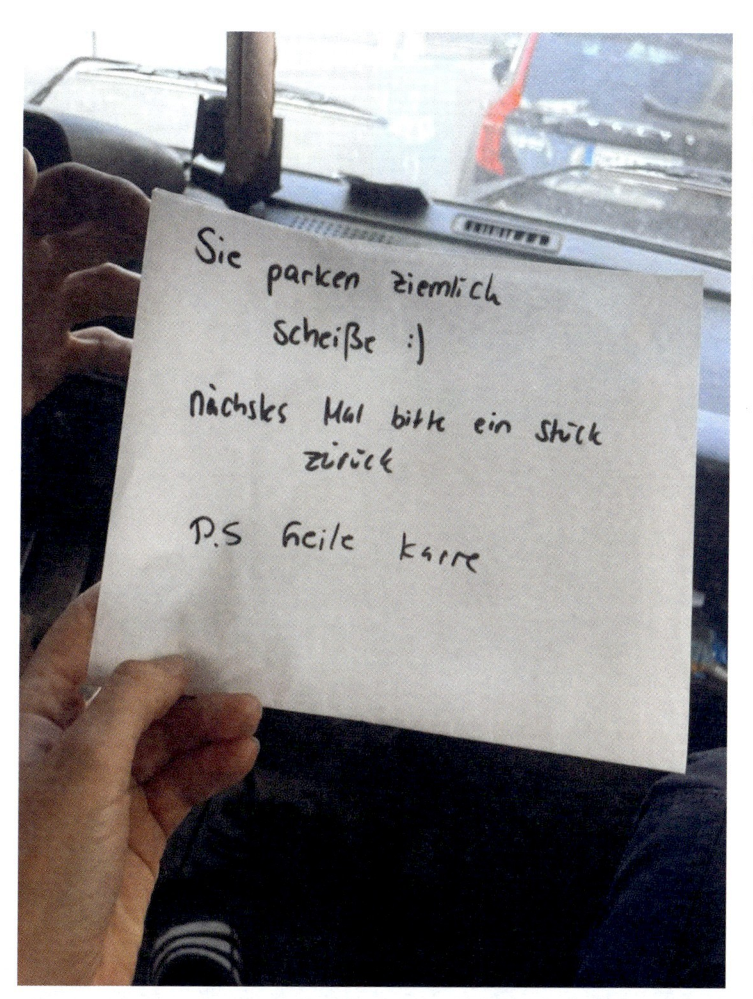

Kreuzberg | notesofberlin.com

DO
18
SEP

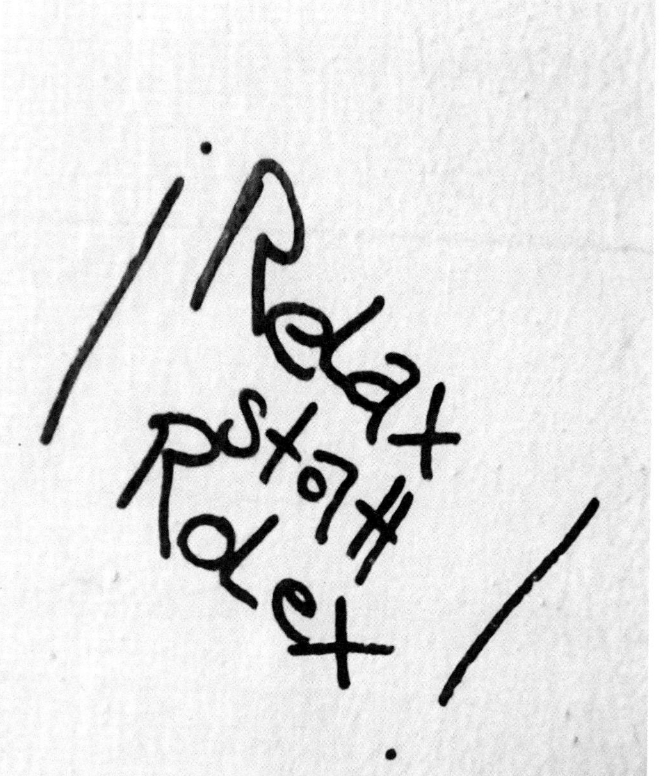

Treptower Straße | Neukölln | notesofberlin.com

FR
19
SEP

Kurfürstendamm | Charlottenburg | notesofberlin.com

SA
20
SEP

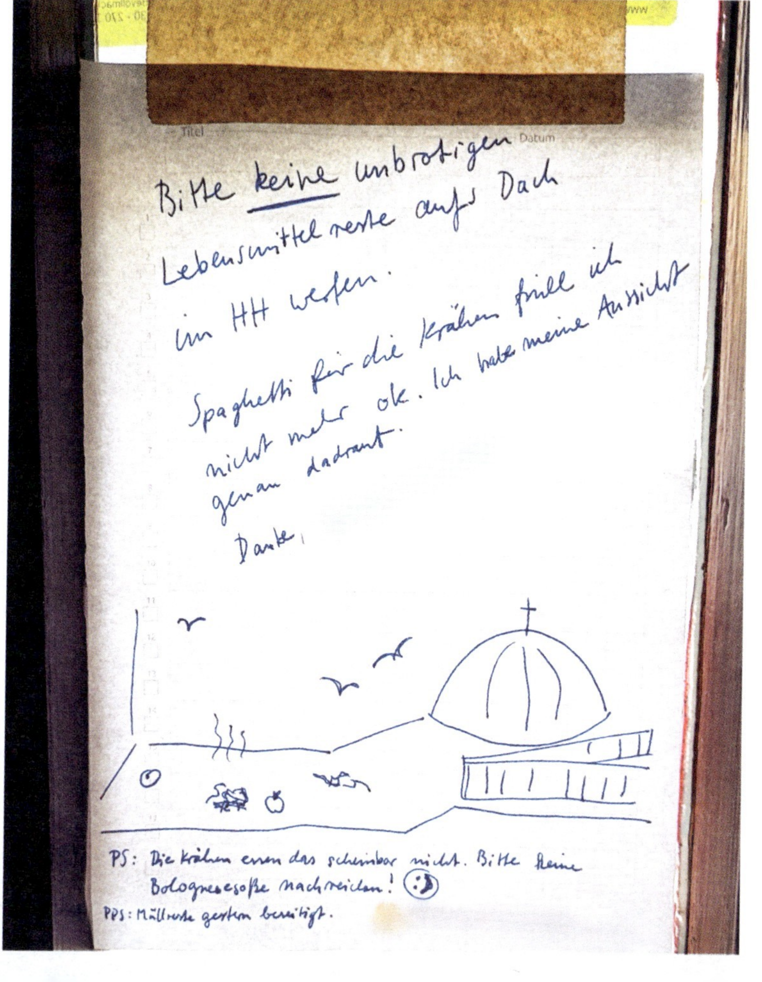

Dunckerstraße | Prenzlauer Berg | notesofberlin.com

SO
21
SEP

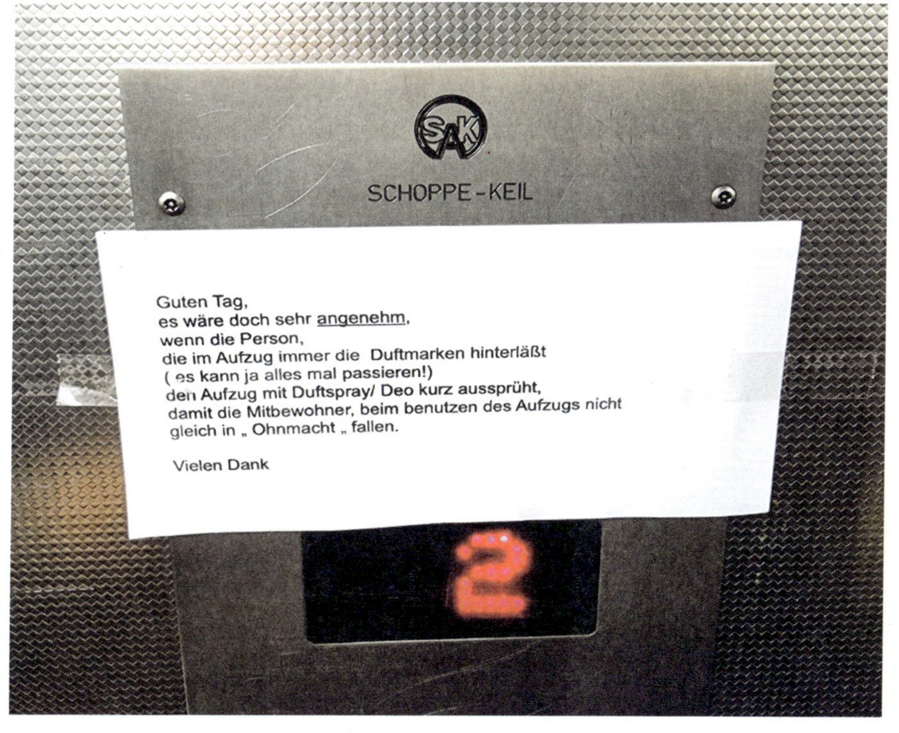

Wedding | notesofberlin.com

MO
22
SEP

Charlottenburg | notesofberlin.com

DI
23
SEP

Mehringdamm | Kreuzberg | notesofberlin.com

MI
24
SEP

Tach,

Könntet ihr bitte nicht mehr versuchen diese Tür aus der Wand zu reißen.

15 Erdbeben im Schnitt im 1.Stock sind einfach zu viel.

Nehmt doch bitte den Schlüssel zum Schließen der Tür, wenn sie so schwer zugeht.

Es dankt der Mann ohne Tassen im Schrank

Niederbarnimstraße | Friedrichshain | notesofberlin.com

DO
25
SEP

ENTSCHULDIGUNG
AN ALLE IM HAUS

Ich habe zuviel Schnaps
getrunken und kann mich
nicht erinnern aber ich
schäme mich u bitte um
ENTSCHULDIGUNG!!

Finowstraße | Friedrichshain | notesofberlin.com

FR
26
SEP

Kreuzberg | notesofberlin.com

SA
27
SEP

Lincolnstraße | Lichtenberg | notesofberlin.com

SO

28

SEP

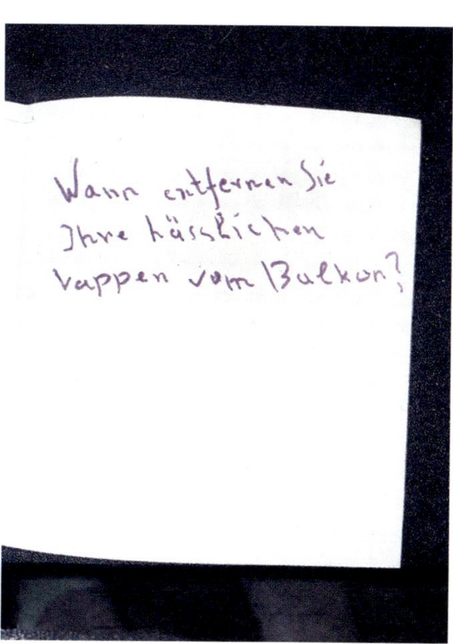

Hallberger Zeile | Treptow | notesofberlin.com

MO
29
SEP

Sorauer Straße | Kreuzberg | notesofberlin.com

DI
30
SEP

MACH DOCH!
ABER WENN NICHT,
HALT DIE FRESSE

Gneisenaustraße | Kreuzberg | notesofberlin.com

MI
1
OKT

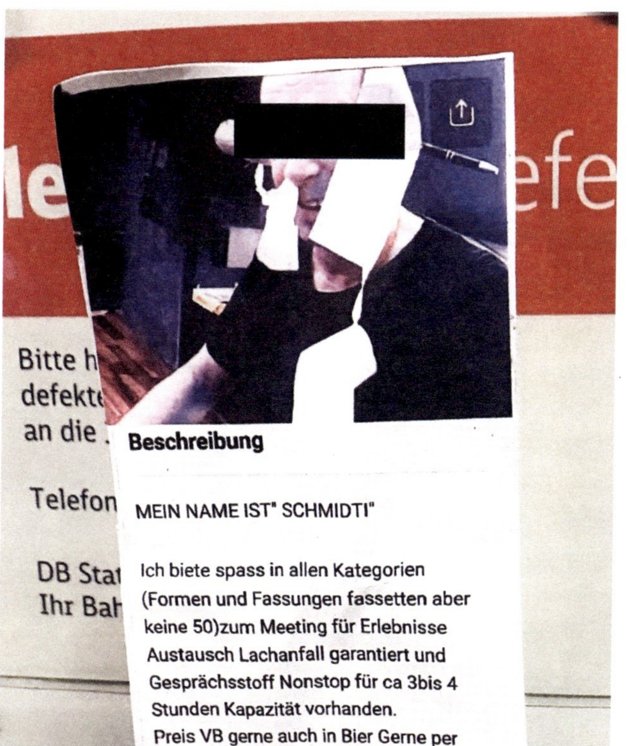

S-Bahnhof Rathaus Steglitz | Steglitz | notesofberlin.com

DO
2
OKT

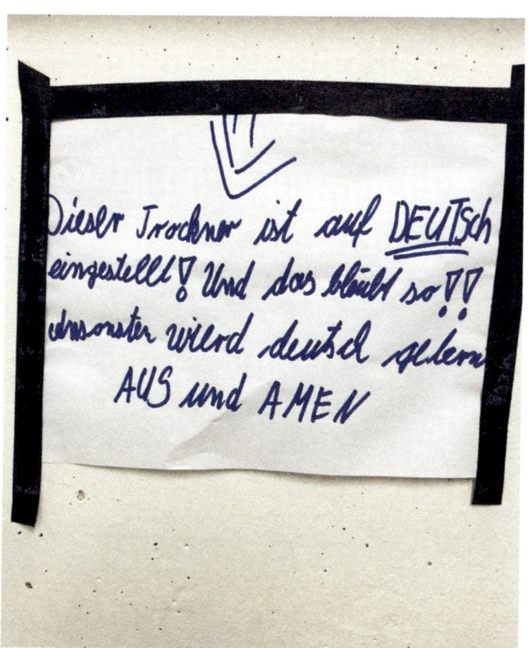

Gastbeitrag aus Ottobrunn | notesofberlin.com

FR
3
OKT

Bersarinplatz | Friedrichshain | notesofberlin.com

SA

4

OKT

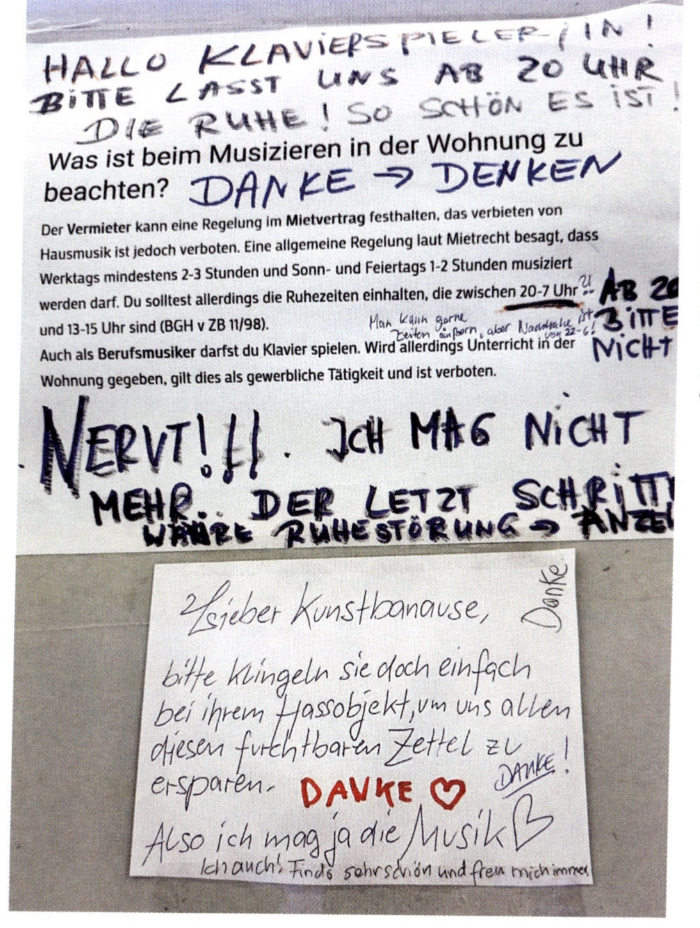

Gubener Straße | Friedrichshain | notesofberlin.com

SO
5
OKT

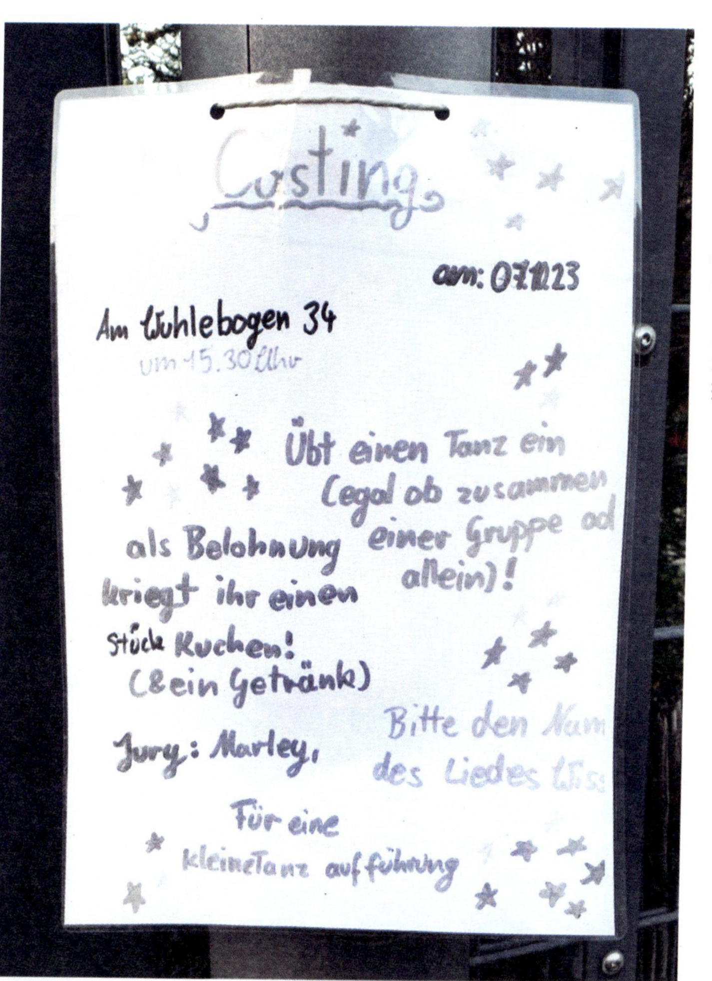

Wuhlebogen | Köpenick | notesofberlin.com

MO
6
OKT

Neukölln | notesofberlin.com

DI
7
OKT

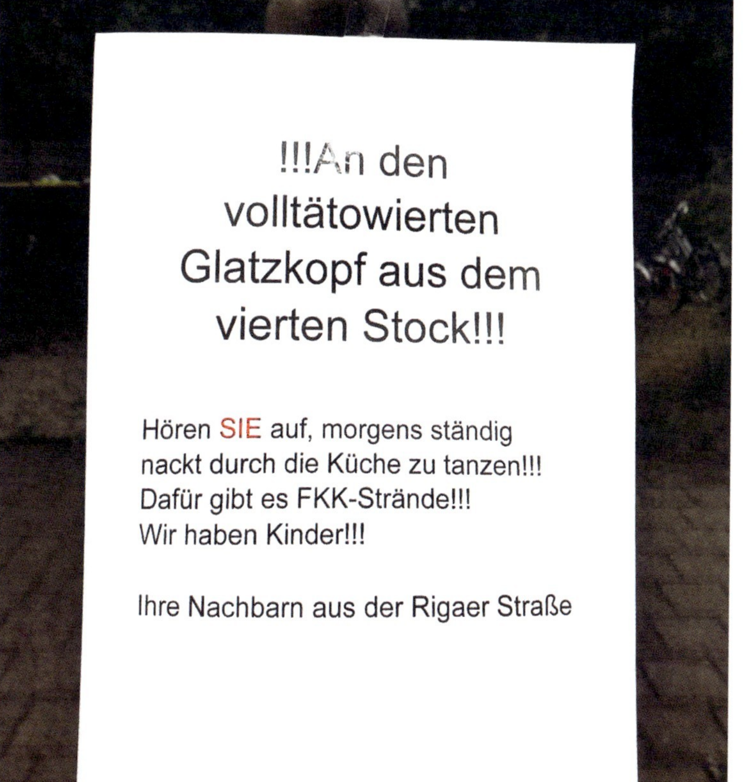

Rigaer Straße | Friedrichshain | notesofberlin.com

MI
8
OKT

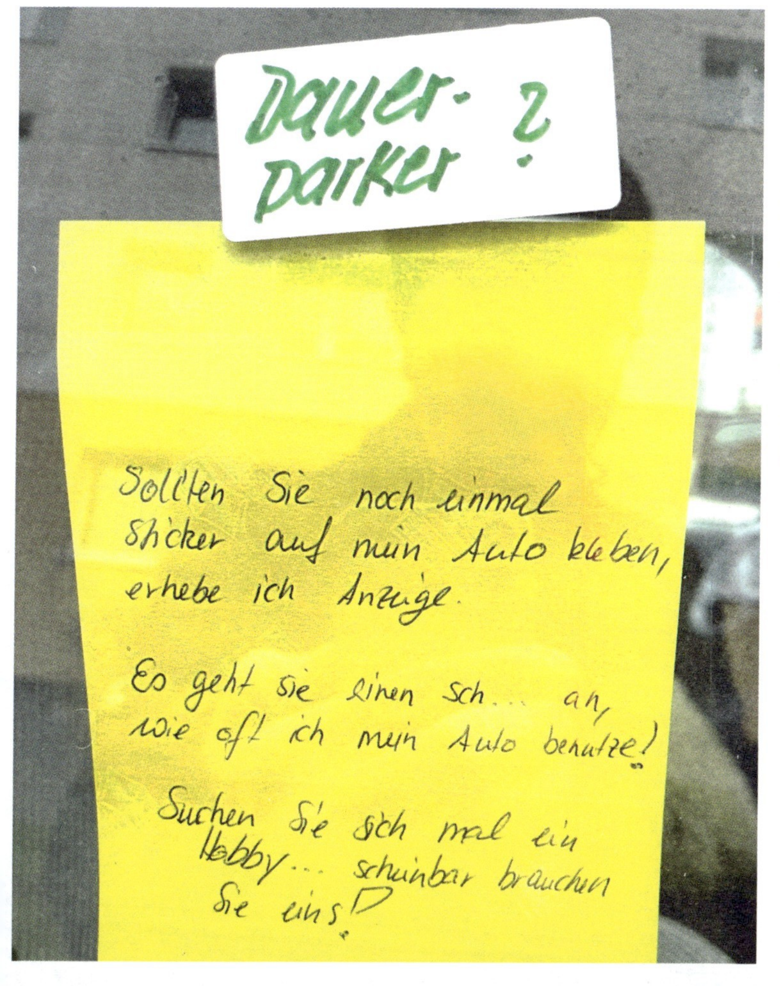

Franz-Mett-Straße | Friedrichsfelde | notesofberlin.com

DO
9
OKT

Florastraße | Pankow | notesofberlin.com

FR
10
OKT

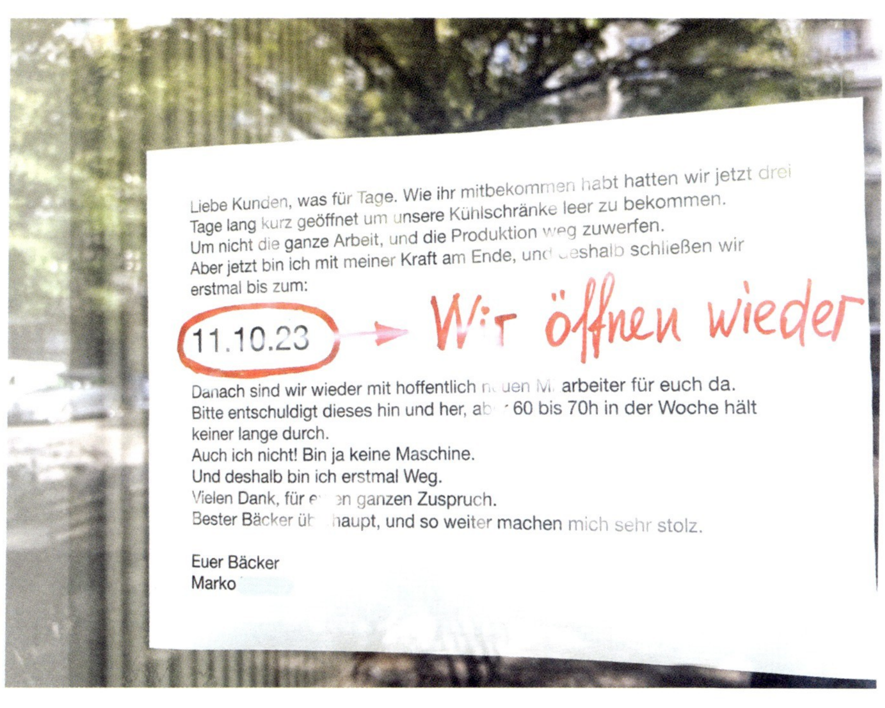

Prenzlauer Berg | notesofberlin.com

SA
11
OKT

S-Bahnhof Tegel | Reinickendorf | notesofberlin.com

SO
12
OKT

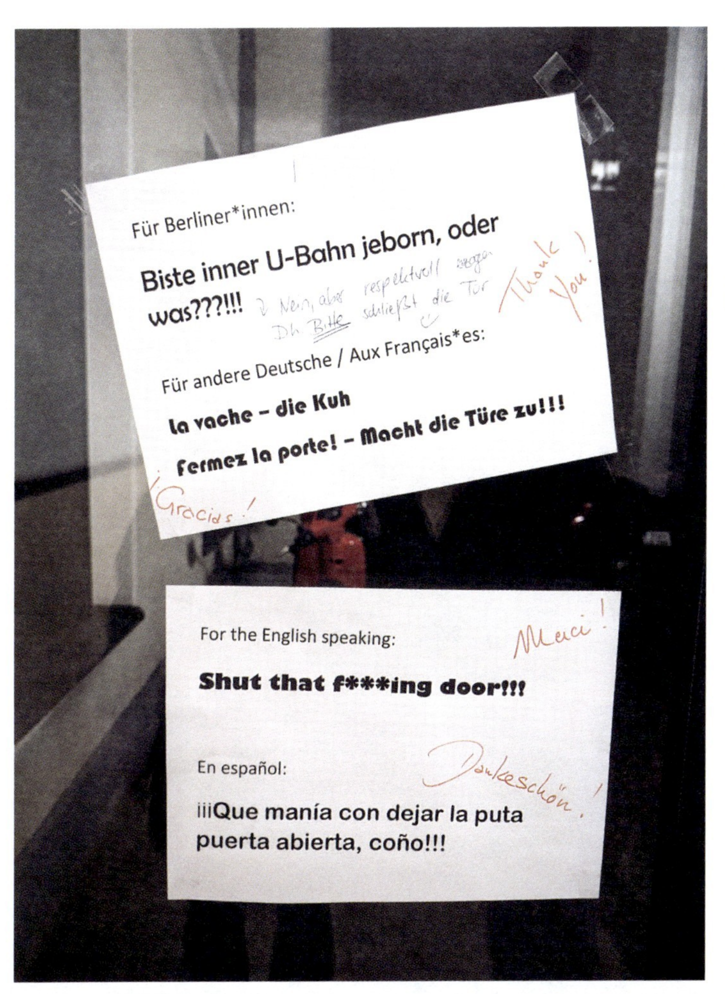

Friedrichshain | notesofberlin.com

MO
13
OKT

Finden sie es toll,
dass ihr Hund immer
wieder auf unsere
Treppe scheißt

Pestalozzistraße | Charlottenburg | notesofberlin.com

DI
14
OKT

Wenn Du Arschloch
Deinen Schlüssel
wiederbekommen
möchtest, dann
bezahle das
gestohlene Bier und
melde Dich bei
irgendeiner Frau im
Thaipark

Charlottenburg | notesofberlin.com

MI
15
OKT

Maybachufer | Neukölln | notesofberlin.com

DO
16
OKT

Für alle Kaufinteressenten in diesem Haus:

Willkommen zum Ratten Holiday Inn!

Im Hof bekommen Sie ein 2 qm-breites Wellness Schwimmbad mit ausreichenden Stränden für die Zerstreuung des Kotes unter den Fahrradständern, keine Sorge, eigentlich überall!

Dazu bekommen Sie die Sicherheit von Zufluchtsorten untern den schwarzen Fahrrad- und Mofaplanen, ebenso gilten die Mülltonnen als ewigen Lounge für den Aufenthalt der Gäste rund um die Uhr.

Täglich wird für eines leckeres Bouffet in Form eines halben Centimeters zerstreuter Fettschicht im Hof besorgt, unendlich Essen im Rattenparadies!

Danach sind ebenfalls ungestörte Nächte in den Kellern zu genießen, immer mit der Ruhe, dass am nächsten Tag alles unverändert bleiben wird. Wir sorgen und sicheren Ihren Aufenthalt im Ratten Holiday Inn. Willkommen!

Wichertstraße | Prenzlauer Berg | notesofberlin.com

Schleiermacherstraße | Kreuzberg | notesofberlin.com

SA
18
OKT

Wiener Straße | Kreuzberg | notesofberlin.com

SO
19
OKT

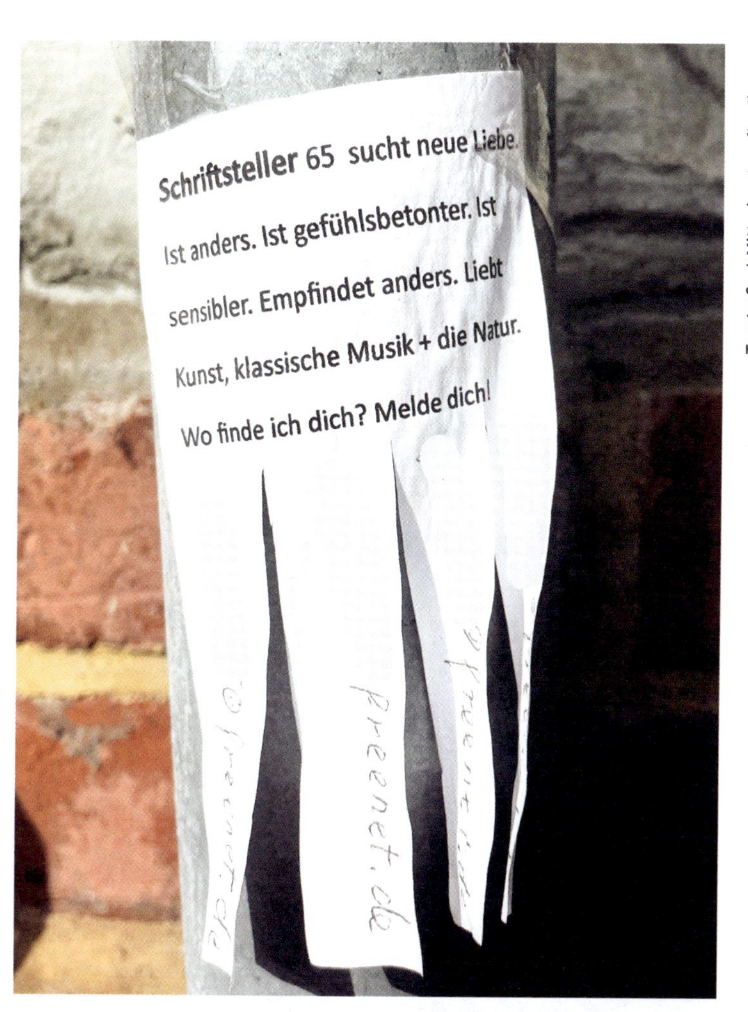

Torstraße | Mitte | notesofberlin.com

MO
20
OKT

Elbestraße | Neukölln | notesofberlin.com

DI
21
OKT

Ostkreuz | Friedrichshain | notesofberlin.com

MI
22
OKT

Samariterstraße | Friedrichshain | notesofberlin.com

DO
23
OKT

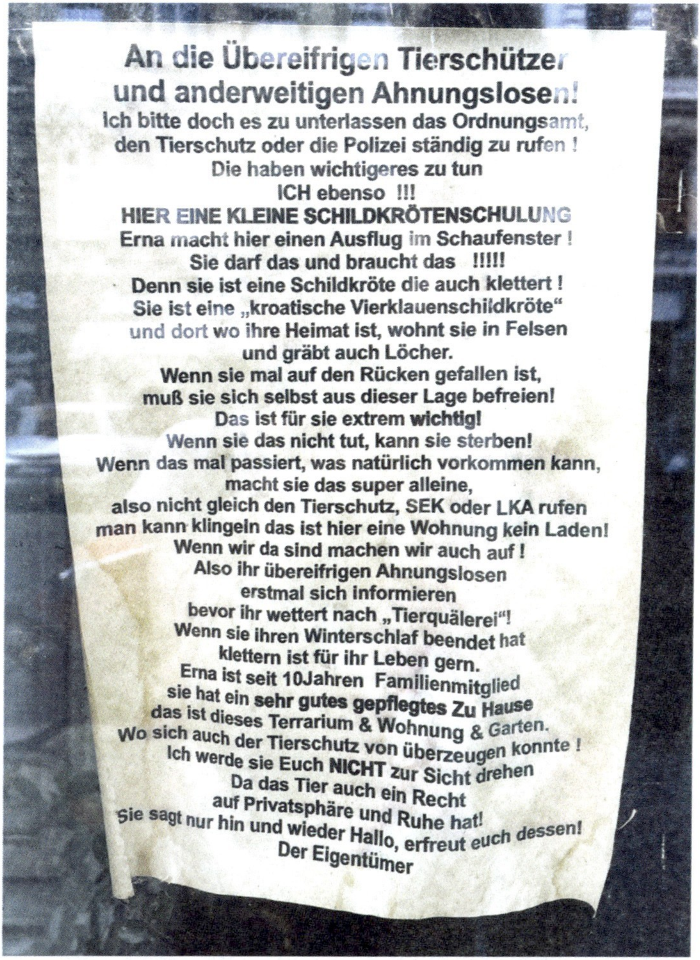

An die Übereifrigen Tierschützer und anderweitigen Ahnungslosen!

Ich bitte doch es zu unterlassen das Ordnungsamt,
den Tierschutz oder die Polizei ständig zu rufen !
Die haben wichtigeres zu tun
ICH ebenso !!!

HIER EINE KLEINE SCHILDKRÖTENSCHULUNG

Erna macht hier einen Ausflug im Schaufenster !
Sie darf das und braucht das !!!!!
Denn sie ist eine Schildkröte die auch klettert !
Sie ist eine „kroatische Vierklauenschildkröte"
und dort wo ihre Heimat ist, wohnt sie in Felsen
und gräbt auch Löcher.
Wenn sie mal auf den Rücken gefallen ist,
muß sie sich selbst aus dieser Lage befreien!
Das ist für sie extrem wichtig!
Wenn sie das nicht tut, kann sie sterben!
Wenn das mal passiert, was natürlich vorkommen kann,
macht sie das super alleine,
also nicht gleich den Tierschutz, SEK oder LKA rufen
man kann klingeln das ist hier eine Wohnung kein Laden!
Wenn wir da sind machen wir auch auf !
Also ihr übereifrigen Ahnungslosen
erstmal sich informieren
bevor ihr wettert nach „Tierquälerei"!
Wenn sie ihren Winterschlaf beendet hat
klettern ist für ihr Leben gern.
Erna ist seit 10Jahren Familienmitglied
sie hat ein sehr gutes gepflegtes Zu Hause
das ist dieses Terrarium & Wohnung & Garten.
Wo sich auch der Tierschutz von überzeugen konnte !
Ich werde sie Euch NICHT zur Sicht drehen
Da das Tier auch ein Recht
auf Privatsphäre und Ruhe hat!
Sie sagt nur hin und wieder Hallo, erfreut euch dessen!
Der Eigentümer

Moabit | notesofberlin.com

FR
24
OKT

Jetzt muss ich doch mal für
die 5. Etage eine Lanze brechen!
Wir sind alle drei Mieter, die sicher
nicht vom Balkon kotzen. Wir
können Ihren Ärger verstehen, aber
wir waren es sicher nicht!
Vielleicht fragen Sie ja mal in der
4. Etage re bei [illegible] nach ...
Wir hoffen, uns grußen auch
weiterhin alle Mieter im Haus.

Die Mieter der 5. Etage

Weißensee | notesofberlin.com

SA
25
OKT

Danke für das Frühstück, ich bringe demnächst auch meine Brüder und Schwestern mit, da ja genug essbares aus Ihrem Fenster kommt und auf dem Boden liegt.

Hiermit bestellen wir für unser Festmahl

- Essensreste direkt aus dem Topf, manchmal auch mit Topf oder Pfanne

- Brotreste auch mal belegt mit leckerer Schimmelwurst

- Katzenfutter auch mal als Dosenrest

- Apfelgriepsche oder Kartoffelschalen auch mal mit Kotlettknochen

- Jogurt Becher, könnten etwas voller sein

Also bis bald, ich komme auch ohne Probleme zu Ihnen in die 4.Etage wenn Sie mir auf Ihren Balkon etwas anbieten können.

Ach übrigens, der Schädlingsbekämpfer war letztens da, ich war mit meiner Frau im Urlaub und habe es überlebt.

Nochmals vielen Dank

Ihr Familie Rattus

Rote Insel | Schöneberg | notesofberlin.com

SO
26
OKT

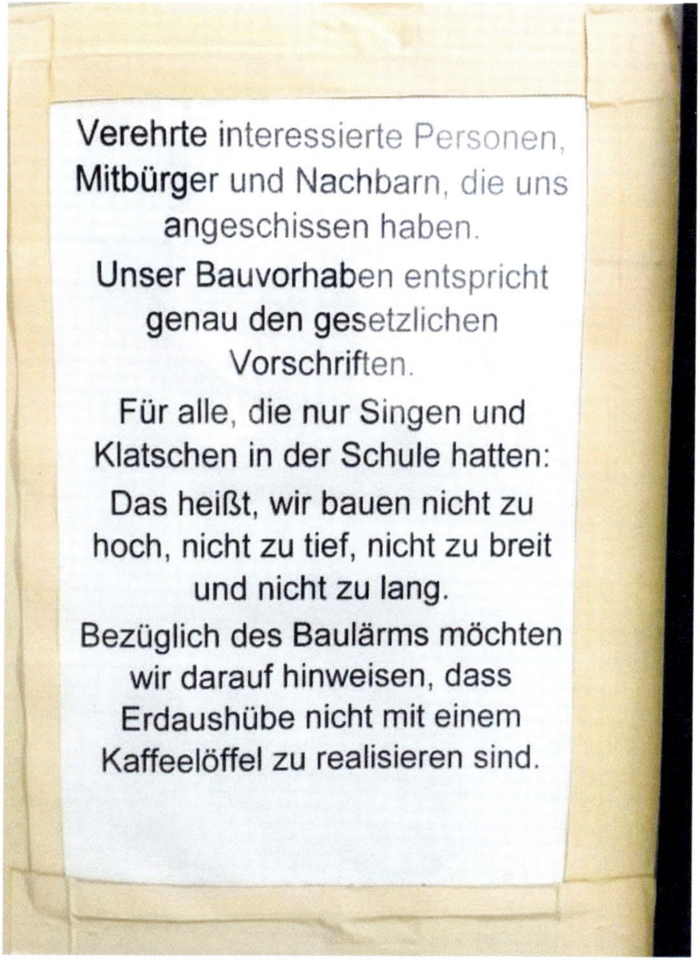

Verehrte interessierte Personen, Mitbürger und Nachbarn, die uns angeschissen haben.

Unser Bauvorhaben entspricht genau den gesetzlichen Vorschriften.

Für alle, die nur Singen und Klatschen in der Schule hatten:

Das heißt, wir bauen nicht zu hoch, nicht zu tief, nicht zu breit und nicht zu lang.

Bezüglich des Baulärms möchten wir darauf hinweisen, dass Erdaushübe nicht mit einem Kaffeelöffel zu realisieren sind.

Lichtenrade | notesofberlin.com

MO
27
OKT

Biesdorf | notesofberlin.com

DI
28
OKT

Was für ein mieses
ARSCHLOCH ?!
bist du,
dass du mir inzwischen
zum 2. Mal
meine Dichtgummis ?!
klaust ...
Verrecke, du Schwein !!!
Irgendwann in deinem Leben wirst du
das zurückkriegen, da bin ich mi sicher...

Ruschestraße | Lichtenberg | notesofberlin.com

MI
29
OKT

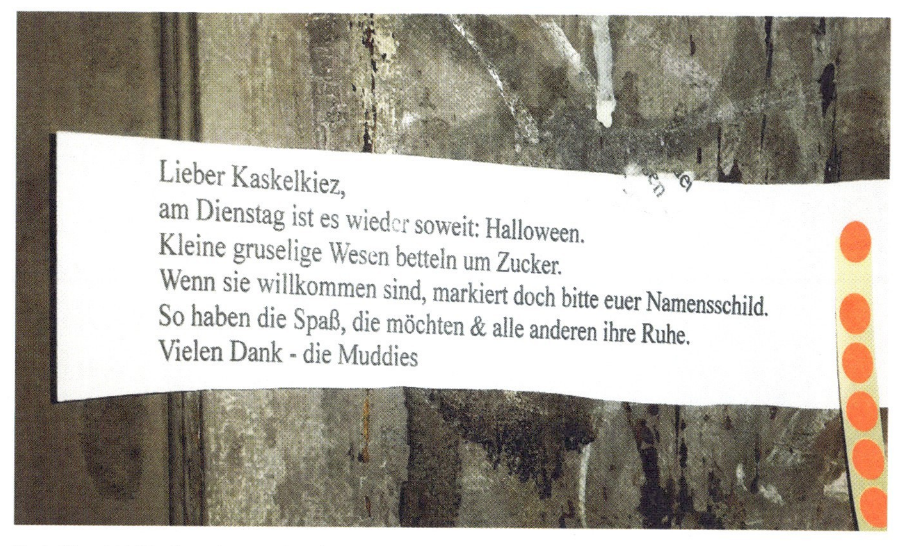

Kaskelkiez | Lichtenberg | notesofberlin.com

DO
30
OKT

Pankow | notesofberlin.com

FR
31
OKT

BITTE KEINE SCHLECHTEN GRAFFITI MEHR!

SA
1
NOV

Rathaus Steglitz | Steglitz | notesofberlin.com

Patrick Swayze

sucht / szuka

Natalie Portman

Halloweenparty im SOHO House am
28.10.2023

☺ Rufe mich an ☺

0163 213

Torstraße | Prenzlauer Berg | notesofberlin.com

SO
2
NOV

Hier im Haus finden
seit Monaten ankack u. Kotz
orgien statt. Ich hab die
Schnauze VOLL mir das
anhören zu müssen! Da
ihr euch irgendwo in den
oberen Stockwerken versteckt
hab ich jetzt die Hausverw.
eingeschaltet

Neukölln | notesofberlin.com

MO

3

NOV

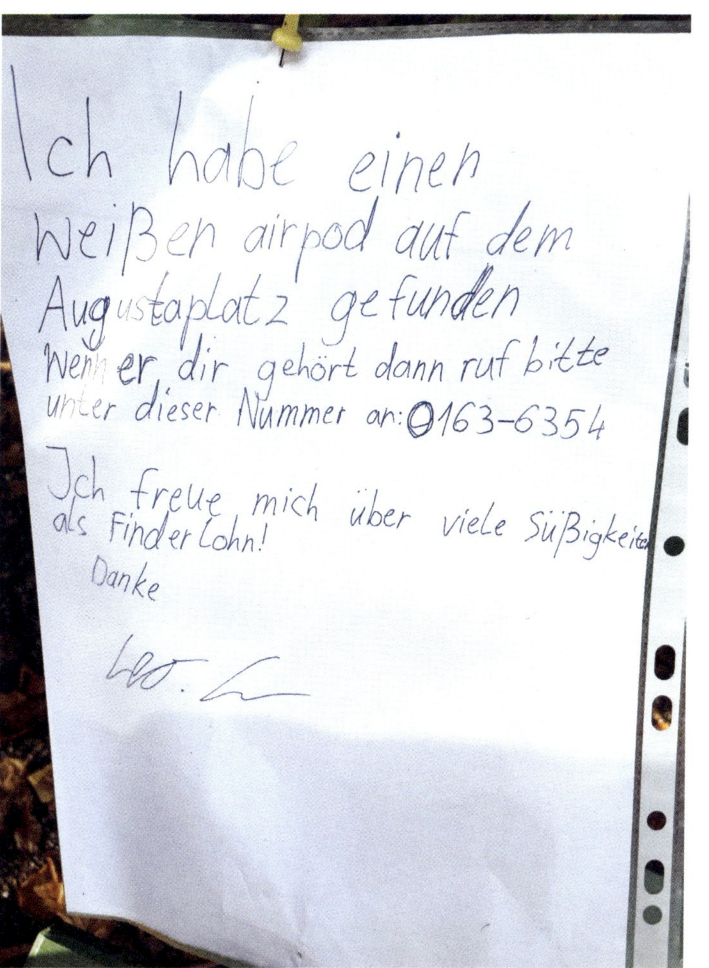

Augustaplatz | Lichterfelde | notesofberlin.com

DI
4
NOV

Zoologischer Garten | Tiergarten | notesofberlin.com

MI
5
NOV

An die Person, die gerade mein Fahrrad hat!

Wenn du abends keine Lust hattest, durch die Kälte zu laufen, und deshalb mein Fahrrad genommen hast, ist das gar kein Problem! Ich hatte es ja schließlich auch nicht angeschlossen. Ich komme aber momentan ohne Fahrrad schlecht von A nach B und deshalb wäre es super, wenn du es einfach wieder hierher zurück stellen würdest.

Falls du dir 100% sicher bist, dass du es dringender brauchst, dann hab es bitte genauso lieb wie ich!

Liebe Grüße

Charlotte

Finkensteinallee | Lichterfelde | notesofberlin.com

Friedenau | notesofberlin.com

FR
7
NOV

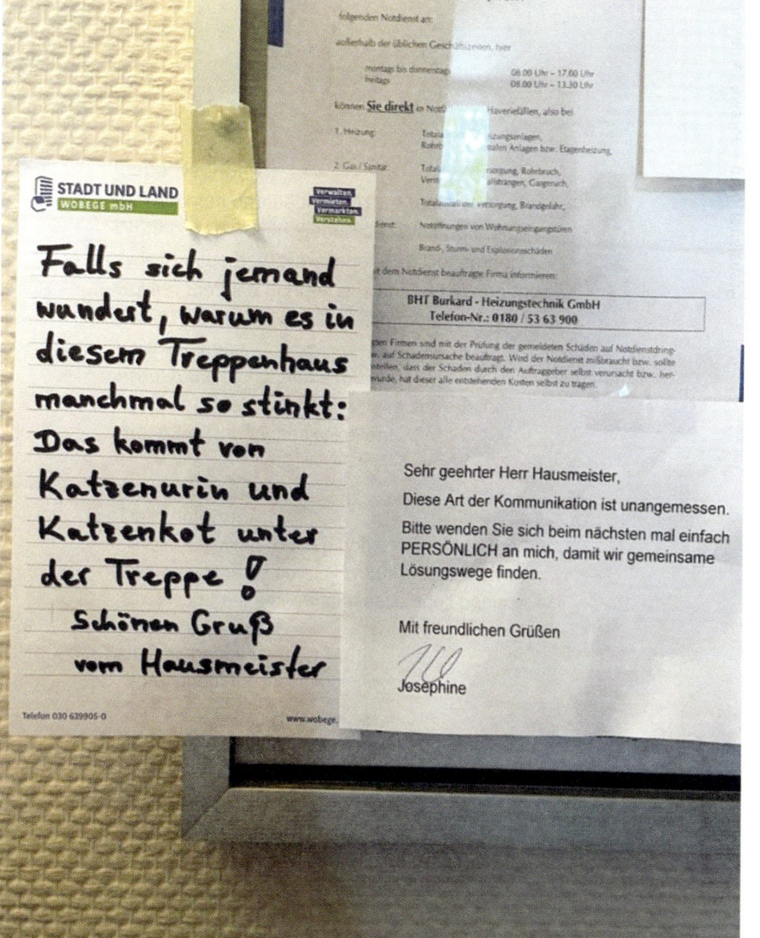

Neukölln | notesofberlin.com

SA
8
NOV

Kreuzberg | notesofberlin.com

SO
9
NOV

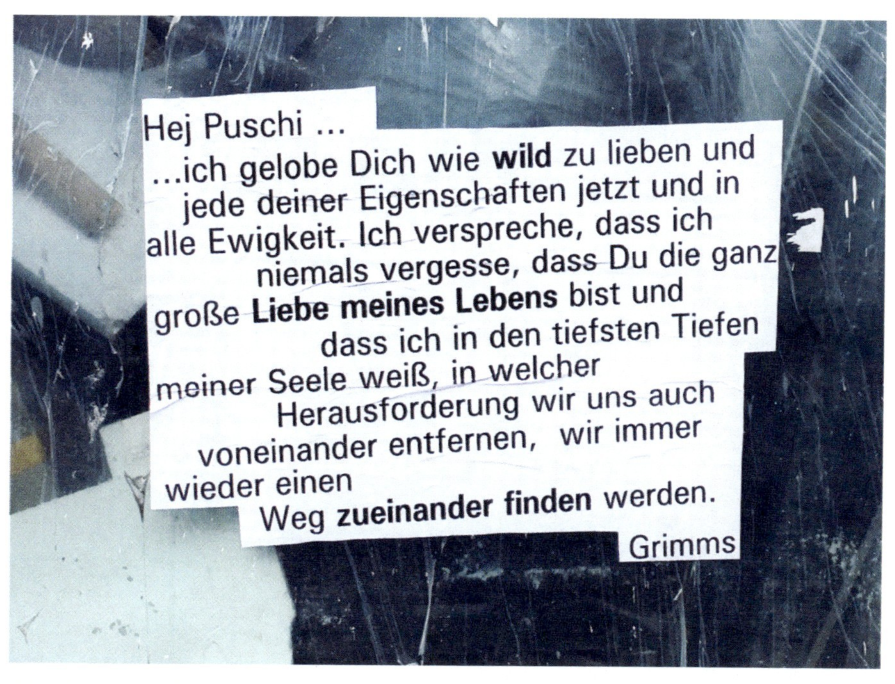

Lichtenberg | notesofberlin.com

MO
10
NOV

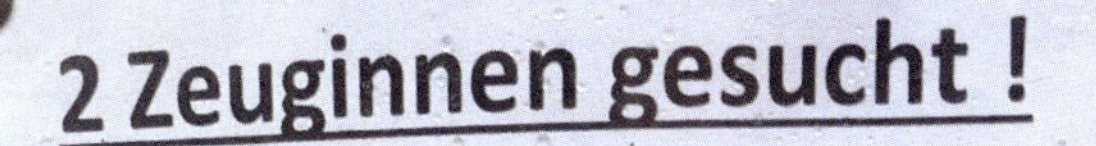

Dahlem | notesofberlin.com

DI
11
NOV

Liebe Nachbarn

Da ich fast Weltmeisterin im Prokrastinieren geworden bin, hat sich folgendes Problem ergeben: Es wird zu früh dunkel und ich habe noch keine Deckenlampe installiert. Spoiler: Ich habe absolut keine Ahnung wie man die ohne Stromschlag anbringt. Meine Stärken liegen ganz woanders.

Falls hier im Haus jemand lebt der mir beim Erleuchten helfen kann, wäre ich unendlich dankbar. Mein Freundeskreis kann sowas auch nicht. Ich suche schon nach neuen. :)

♡-liche Grüße
aus dem 2. Seitenflügel
Vanessa

Manfred-von-Richthofen-Straße | Tempelhof | notesofberlin.com

DO
13
NOV

Schillerstraße | Charlottenburg | notesofberlin.com

FR
14
NOV

Liebe/r Unbekannte/r,

ich habe weder etwas gegen Nirvana noch gegen Guns'n' Roses und schon gar nix gegen gute Musik im allgemeinen aber am Samstagmorgen werde ich ungern von Axl Rose's Stimme geweckt. Vielleicht das nächste Mal etwas leiser? Das wäre wirklich schön!

Vielen Dank, eine sehr müde Nachbarin.

(P.S.: Beim nächsten Mal Nirvana (so ab 12:00 Uhr dann gerne auch laut) bitte Pennyroyal Tea spielen. Danke.

Dröpkeweg | Neukölln | notesofberlin.com

SA
15
NOV

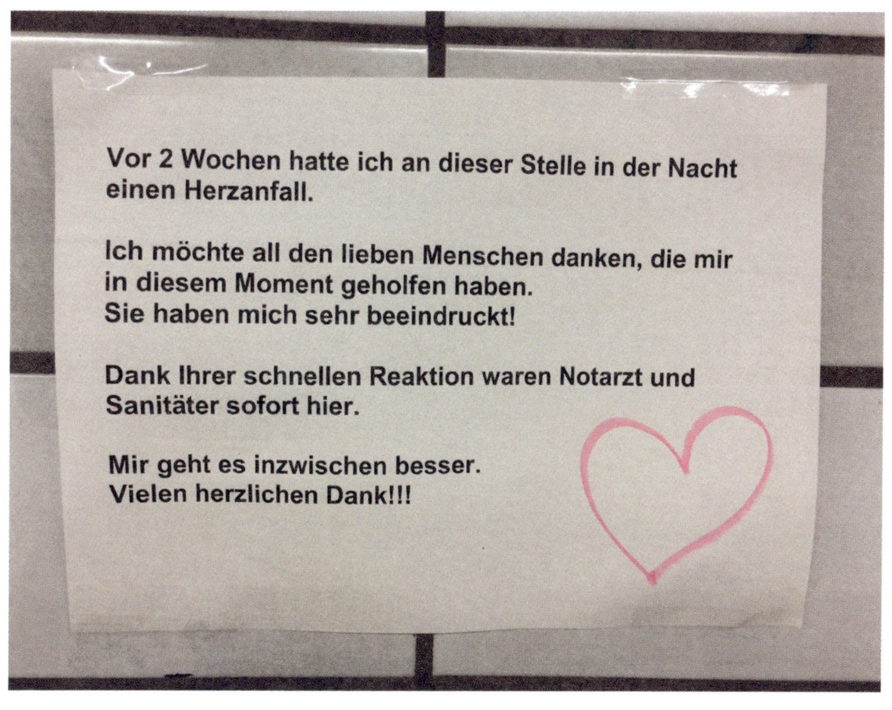

Innsbrucker Platz | Schöneberg | notesofberlin.com

SO
16
NOV

Welche Vollidioten werfen den Müll neben die blaue Mülltonne??

Wenn noch ein bisschen Hirn da ist sollte der oder die Person das wenigstens

J E T Z T

wieder wegräumen!!

Konfuzius sagte „Begegne den Menschen mit der selben Höflichkeit, mit der du einen teuren Gast empfangst." Auch wenn ich selbst den Müll nicht verursacht habe, so bin ich einfach aktiv geworden und habe die 4-5 Pizzakartons einfach schnell in die Mülltonne geworfen.
Auf eine gute Nachbarschaft, Ihnen einen schönen Tag noch! ☺

Charlottenburg | notesofberlin.com

MO

17

NOV

Sonntagsstraße | Friedrichshain | notesofberlin.com

DI
18
NOV

S-Bahnhof Wedding | notesofberlin.com

MI
19
NOV

Victoria-Luise-Platz | Schöneberg | notesofberlin.com

DO
20
NOV

Herzlichen Glückwunsch zum neuen TV!!!

Es ist schön zu sehen, dass jemand im Sozialbau es schafft, so viel Geld beiseite zu legen, um sich einen 3.500 Euro-TV zu kaufen.

Das muss ja ein Wahnsinns-Entertainment-Erlebnis sein! Und wohl auch der Grund, der Sie vom Entsorgen des Kartons abhält?

Ich hoffe, es ist bald mal Werbung, sodass Sie diese Zeit dann sinnvoll zum Wegschmeißen der Verpackung nutzen können.

Vielen Dank!

Und laden Sie uns doch gerne alle zu sich ein, damit wir gemeinsam die Fußballweltmeisterschaft gucken können ;-)

Friedrichshain | notesofberlin.com

FR
21
NOV

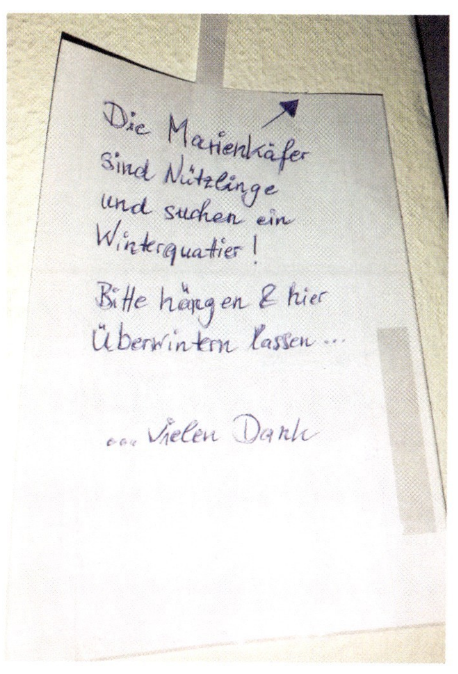

Neukölln | notesofberlin.com

SA
22
NOV

Liebe Nachbarn,
wir möchten demnächst unser Kind hier in unserer Wohnung, per Hausgeburt zur Welt bringen. (ca. zwischen dem 30.November - 29.Dezember)
Sollten Sie also Schreie aus unserer Wohnung hören, bitte keine Panik bekommen oder die Polizei verständigen.
Freuen Sie sich einfach mit uns ;)
Wir entschuldigen uns schon im vorraus für mögliche Unannehmlichkeiten!

Dear neighbors,
we are planning to have home delivery in the near future (estimated time: Nov 30th - Dec 29th).
So, if you hear screams - please don't panic or call the police.
Just be happy for us ;)
Sorry about the inconvenience!

Ravid & Liad

Prenzlauer Berg | notesofberlin.com

SO
23
NOV

AN DAS KLEINE
MIESE ARSCHLOCH, DASS
MEIN RAD GESTOHLEN
HAT:

Du magst vielleicht das
Rad einer armen
Studentin gestohlen haben,
aber glaub mir, ich
habe viel Zeit und ich
weiß, dass Du kleiner
Pisser wieder kommen
wirst und erneut versuchst,
das nächste Rad zu
stehlen und ich
werde hier sein.
Also hoffe ich auf ein
Wiedersehen du ARSCHLOCH!

Plänterwald | Treptow | notesofberlin.com

MO
24
NOV

Schliemannstraße | Prenzlauer Berg | notesofberlin.com

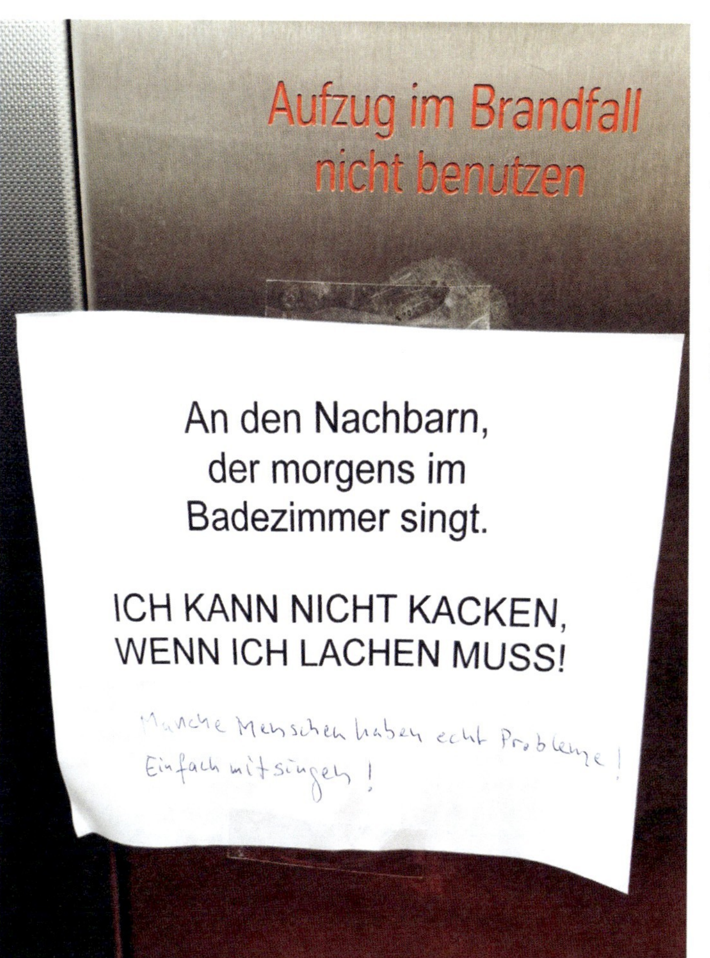

Alt-Hohenschönhausen | notesofberlin.com

MI
26
NOV

Feuerbachstraße | Steglitz | notesofberlin.com

DO
27
NOV

Bundesplatz | Wilmersdorf | notesofberlin.com

FR
28
NOV

Deutsche Post

DHL

Bitte für Abholung in der Filiale Ihren Ausweis mitbringen oder eine Vollmacht (auch für Familienangehörige) ausstellen!

WIR HABEN EINE SENDUNG FÜR SIE!

bei Nachbar wo [illegible]

Empfänger
Miriam

Sendungsnummer

Ihre Sendung wurde an Ihren Nachbarn übergeben.

Art der Sendung
1 DHL Paket

AUF DIGITALE ZUSTELLBENACHRICHTIGUNG UMSTELLEN UND DIESE KARTE SPAREN!

Lassen Sie sich einfach per E-Mail oder in der Post & DHL App benachrichtigen und profitieren Sie von den Vorteilen:

- ✓ Sie werden umgehend informiert und können Ihre Sendung auf direktem Weg abholen.
- ✓ Das spart Papier, ist umweltfreundlich und zeitgemäß.

Stellen Sie jetzt kostenlos auf digitale Zustellbenachrichtigung um: **dhl.de/paketinfo**

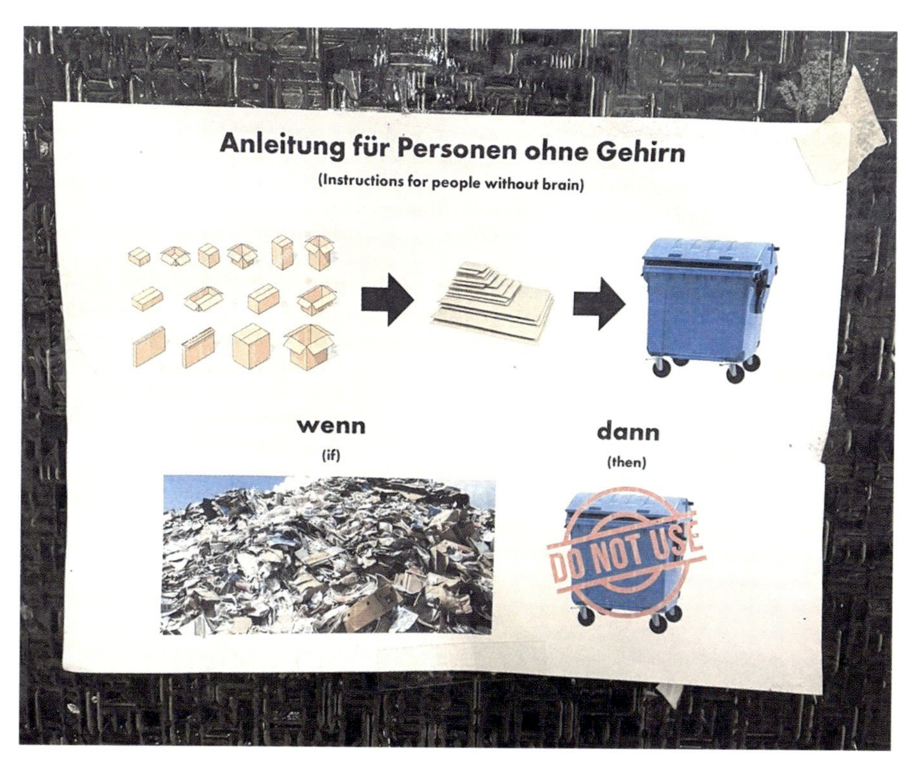

Boxhagener Straße | Friedrichshain | notesofberlin.com

SO
30
NOV

Glogauer Straße | Kreuzberg | notesofberlin.com

MO
1
DEZ

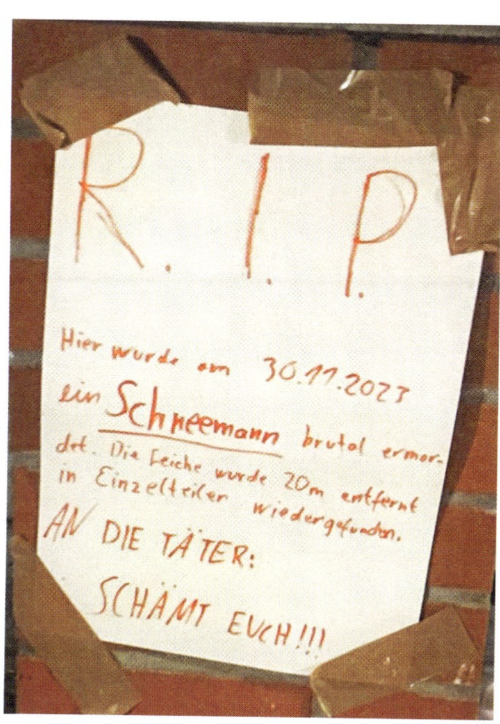

Holsteinische Straße | Wilmersdorf | notesofberlin.com

DI
2
DEZ

Neukölln | notesofberlin.com

MI
3
DEZ

Wolt ir pferde in die W
Wurst haben wen nicht dan
Protestirt

tut was für die
Pferde

Südstern | Kreuzberg | notesofberlin.com

DO
4
DEZ

USEDOME
vol. 3000

!VERLOREN! AUA :(

WAS?

PAPIERTÜTE MIT
5 SCHALLPLATTEN

GENAU HIER GESTERN
STEHEN LASSEN. MIST!

FINDERLOHN!
NACKENMASSAGE, STEPPTANZ-
AUFFÜHRUNG, GESANGSEINLAGE
ODER EINFACH CA$H

RUF AN!
0151 5577

Mehringdamm | Kreuzberg | notesofberlin.com

FR
5
DEZ

Erich-Weinertstraße | Prenzlauer Berg | notesofberlin.com

SA
6
DEZ

LÄRMBELÄSTIGUNG

IHRE ELEKTRONISCHE-
HARDSTYLE-MUSIK KANN
MAN IM GANZEN GEBÄUDE-
KOMPLEX HÖREN.
HÖREN SIE DIESE DOCH
ÜBER KOPFHÖRER UND
NICHT ZU RUHEZeiten
ODER NACHTS.

ANSONSTEN WERDE
ICH DEN VERMIETER
ODER DIE POLIZEI
KONTAKTIEREN.

P.S Wo sitzt die Arschgeige?

Ich stimme meinem
Vorredner voll zu.

Hören Sie endlich mit
dieser Musik auf!!!

Gerade vor ein paar
Wochen habe ich schon
einen Aushang gemacht
und um Ruhe gebeten.
Hören Sie auf mit
dieser Musik, sonst
fliegen Sie aus Ihrer
Wohnung.

Alt-Hohenschönhausen | notesofberlin.com

SO
7
DEZ

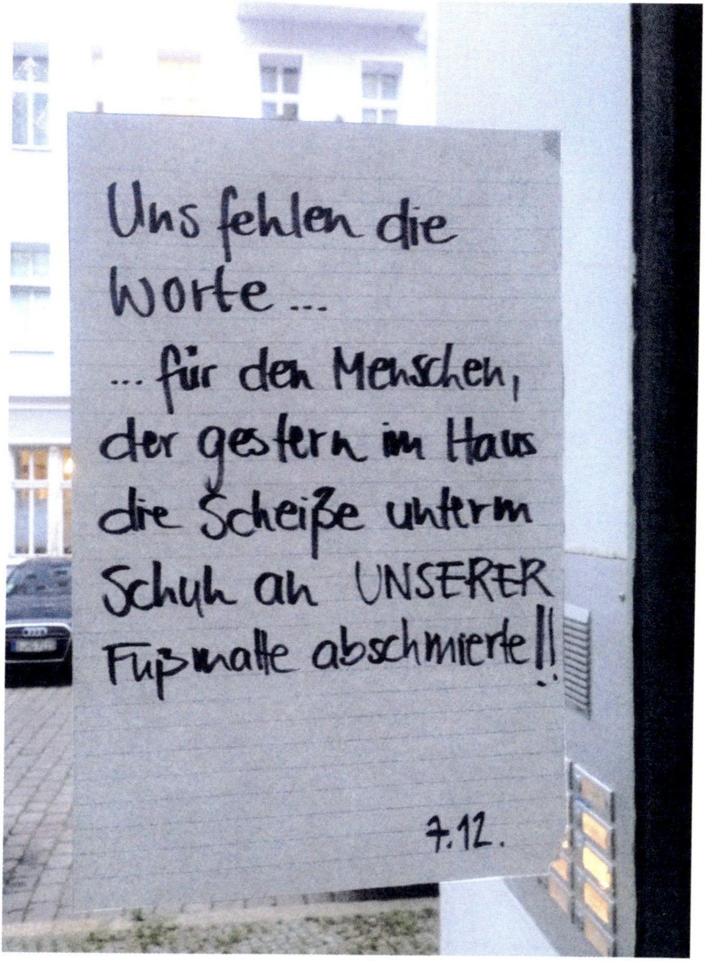

Uns fehlen die
Worte ...

... für den Menschen,
der gestern im Haus
die Scheiße unterm
Schuh an UNSERER
Fußmatte abschmierte!!

7.12.

Friedrichshain | notesofberlin.com

MO
8
DEZ

Pannierstraße | Neukölln | notesofberlin.com

DI
9
DEZ

Reichenberger Straße | Kreuzberg | notesofberlin.com

MI
10
DEZ

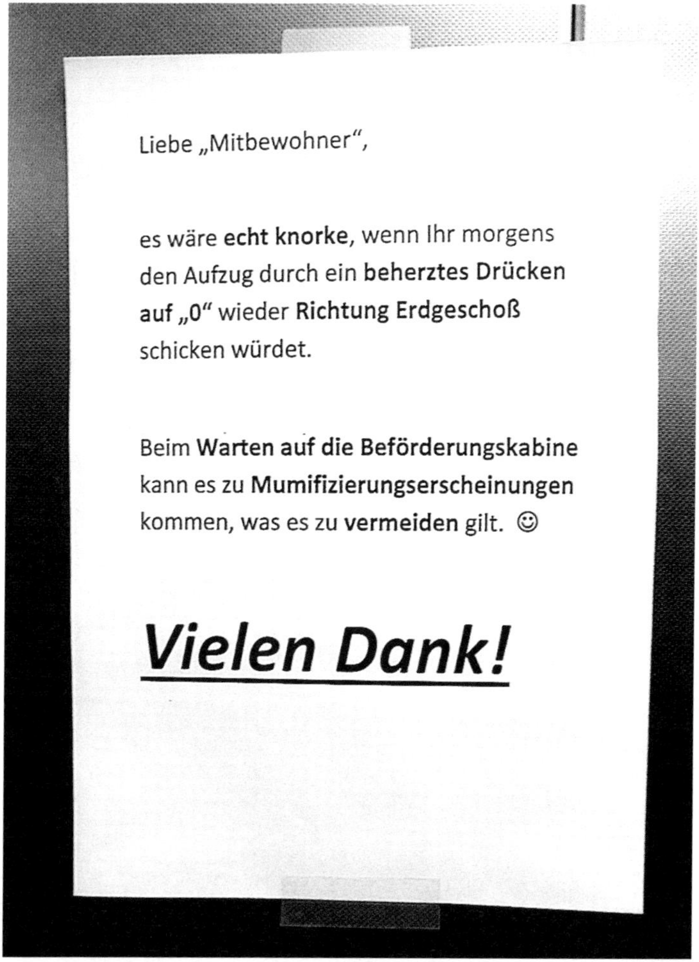

Liebe „Mitbewohner“,

es wäre **echt knorke**, wenn Ihr morgens den Aufzug durch ein **beherztes Drücken auf „0“** wieder **Richtung Erdgeschoß** schicken würdet.

Beim **Warten auf die Beförderungskabine** kann es zu **Mumifizierungserscheinungen** kommen, was es zu **vermeiden** gilt. ☺

Vielen Dank!

Mitte | notesofberlin.com

DO
11
DEZ

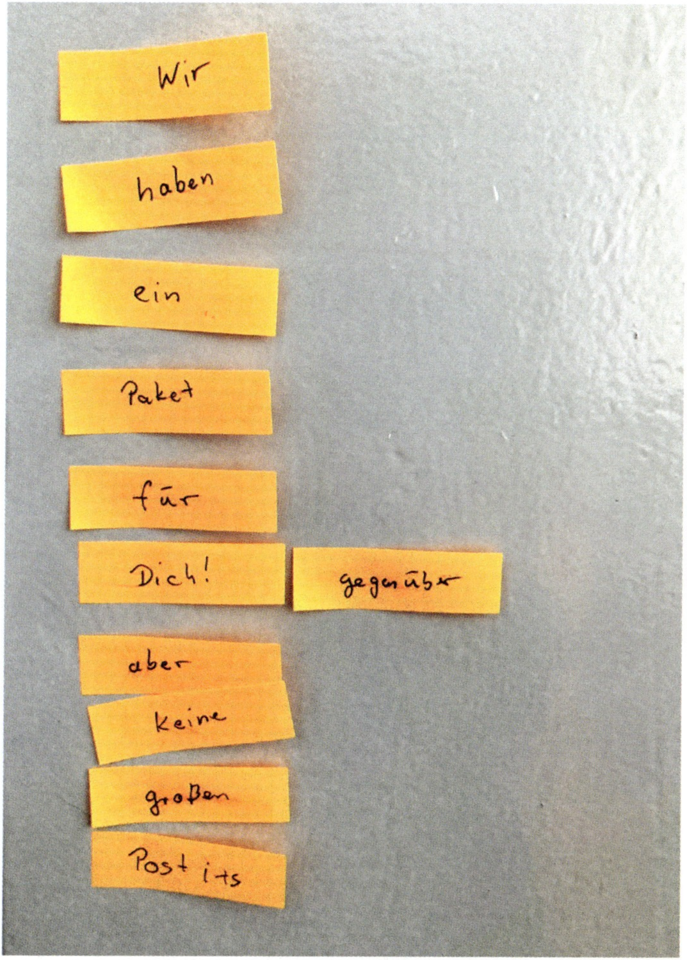

Lichtenberg | notesofberlin.com

FR
12
DEZ

Turmstraße | Moabit | notesofberlin.com

SA
13
DEZ

Ahrensfelde | notesofberlin.com

SO
14
DEZ

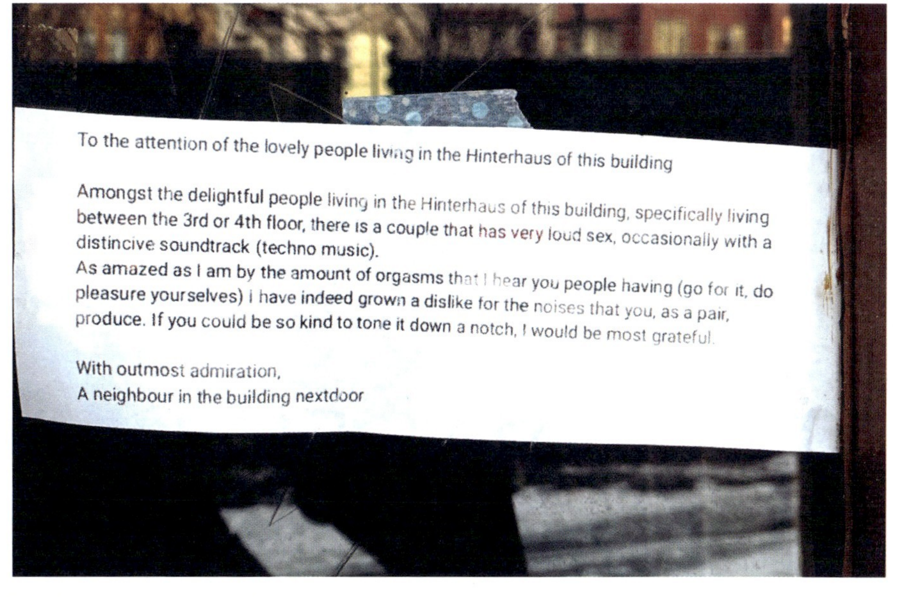

To the attention of the lovely people living in the Hinterhaus of this building

Amongst the delightful people living in the Hinterhaus of this building, specifically living between the 3rd or 4th floor, there is a couple that has very loud sex, occasionally with a distincive soundtrack (techno music).
As amazed as I am by the amount of orgasms that I hear you people having (go for it, do pleasure yourselves) I have indeed grown a dislike for the noises that you, as a pair, produce. If you could be so kind to tone it down a notch, I would be most grateful.

With outmost admiration,
A neighbour in the building nextdoor

Prenzlauer Berg | notesofberlin.com

Huhu Micha,
hier ist Denise, weis
nicht ob du dich
erinnerst (bin die Kleine)
von Mari, Valle und
so bin gerade im
Knast deswegen
konnte ich mich
nicht melden :)
Hoffe dir gehts
gut, Valle weis
wo ich bin
Liebe Grüße

www.cbm.de

Boxhagener Kiez | Friedrichshain | notesofberlin.com

DI
16
DEZ

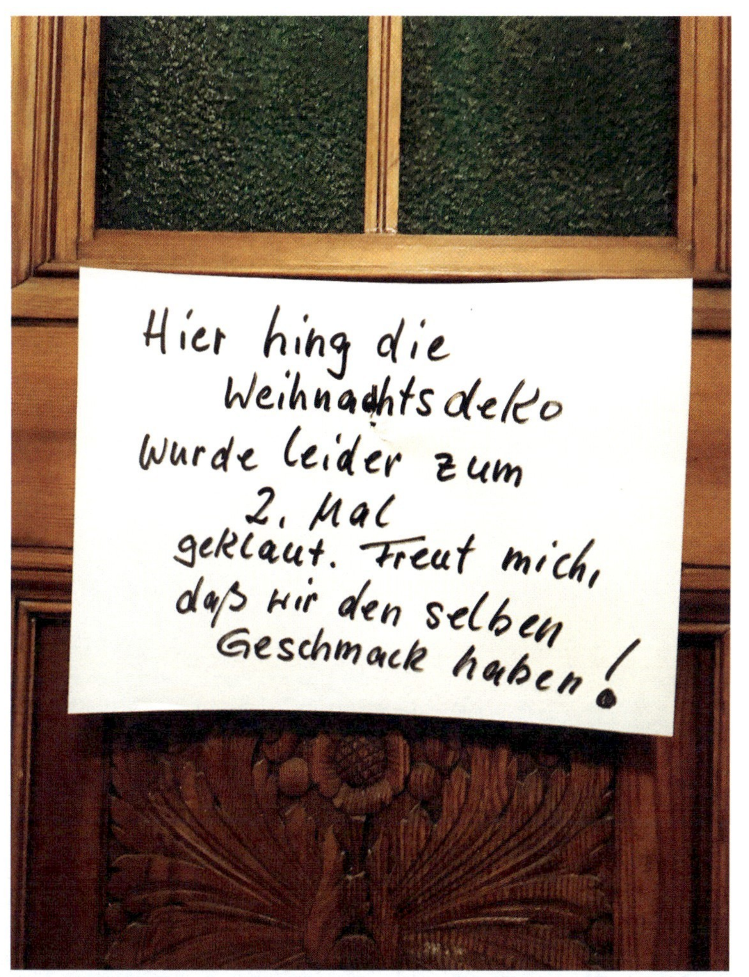

Bayrischer Platz | Schöneberg | notesofberlin.com

MI
17
DEZ

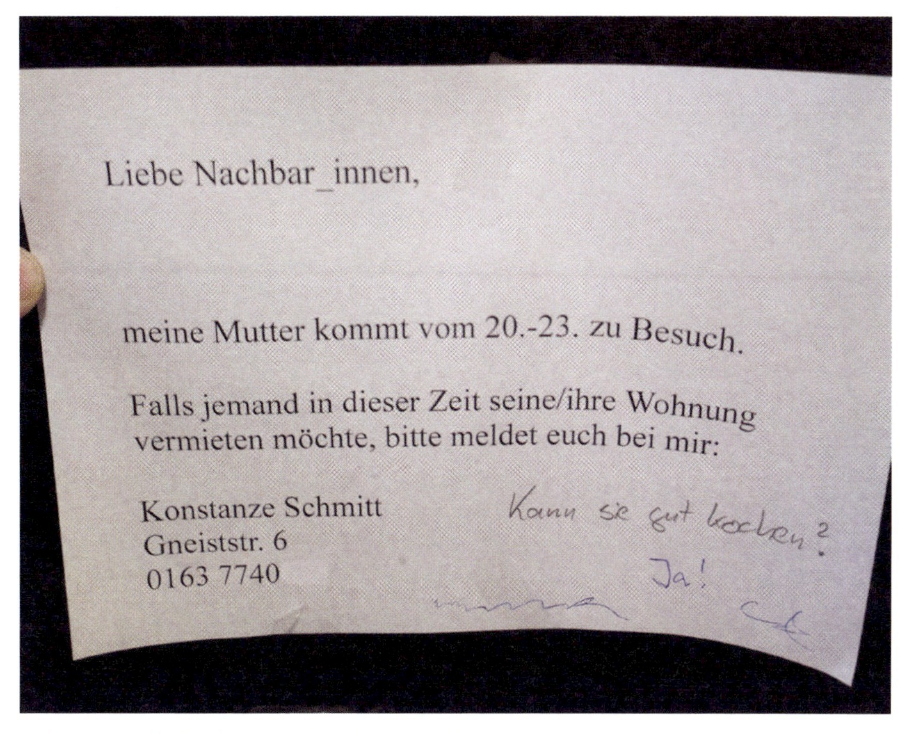

Greifenhagener Straße | Prenzlauer Berg | notesofberlin.com

DO
18
DEZ

Hi !

Seit zehn Tagen klingel
ich jeden Tag, um mein
Päckchen abzuholen,
aber niemand macht
auf. Bin kurz vor Nerven-
zusammenbruch. Bitte
bring mir mein Päckchen
oder gib es in der Linie
ab oder bei meinen Nachbarn
Es nervt hart! M.

Linienstraße | Mitte | notesofberlin.com

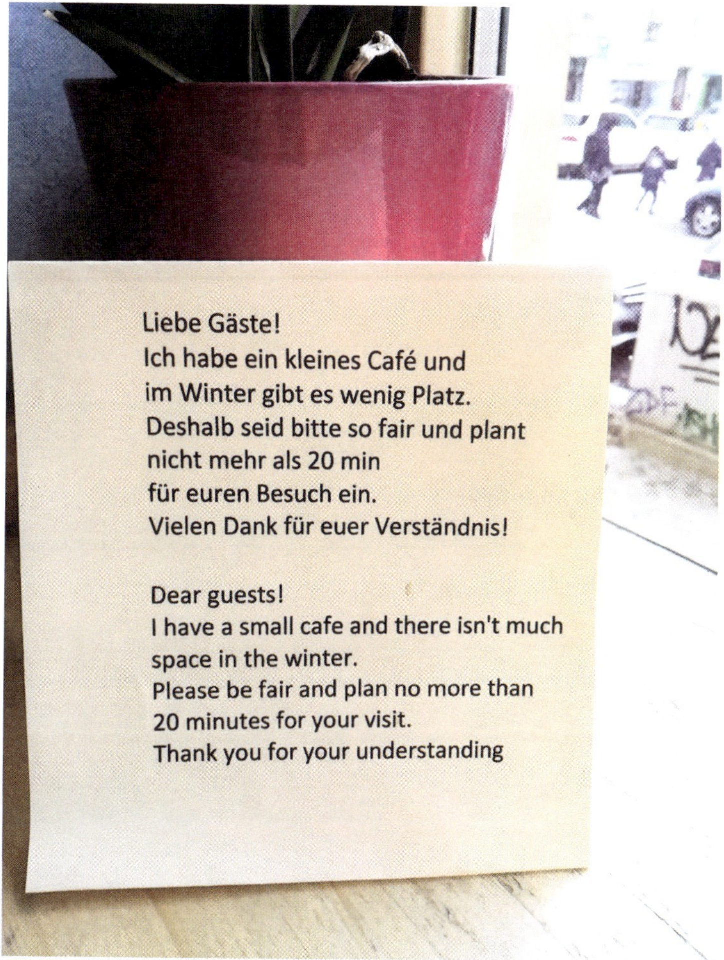

Liebe Gäste!
Ich habe ein kleines Café und
im Winter gibt es wenig Platz.
Deshalb seid bitte so fair und plant
nicht mehr als 20 min
für euren Besuch ein.
Vielen Dank für euer Verständnis!

Dear guests!
I have a small cafe and there isn't much
space in the winter.
Please be fair and plan no more than
20 minutes for your visit.
Thank you for your understanding

Haubachstraße | Charlottenburg | notesofberlin.com

SA
20
DEZ

Tegel | notesofberlin.com

SO
21
DEZ

Mitte | notesofberlin.com

MO

22

DEZ

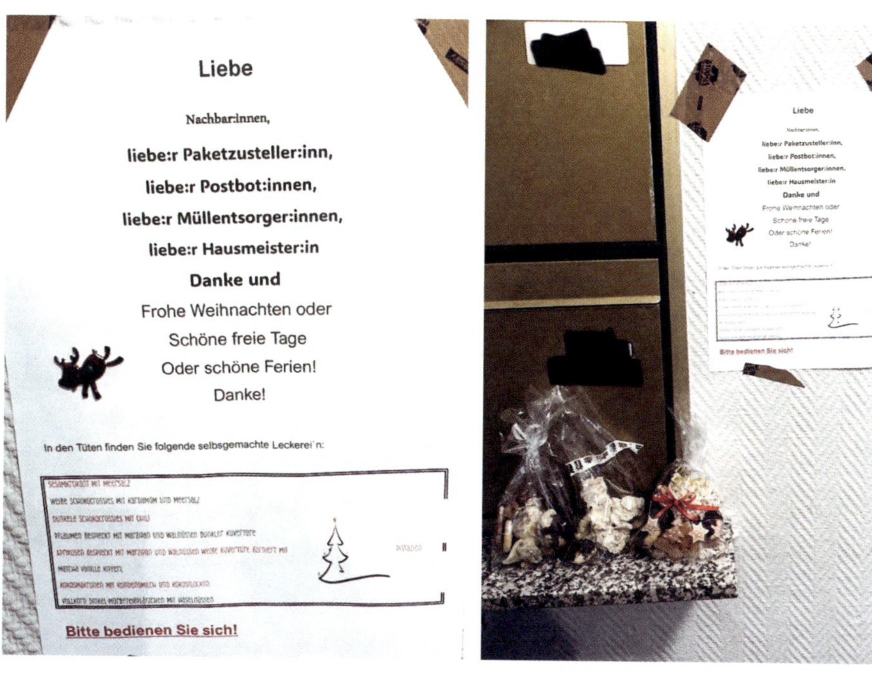

Neukölln | notesofberlin.com

DI
23
DEZ

Hermannstraße | Neukölln | notesofberlin.com

MI
24
DEZ

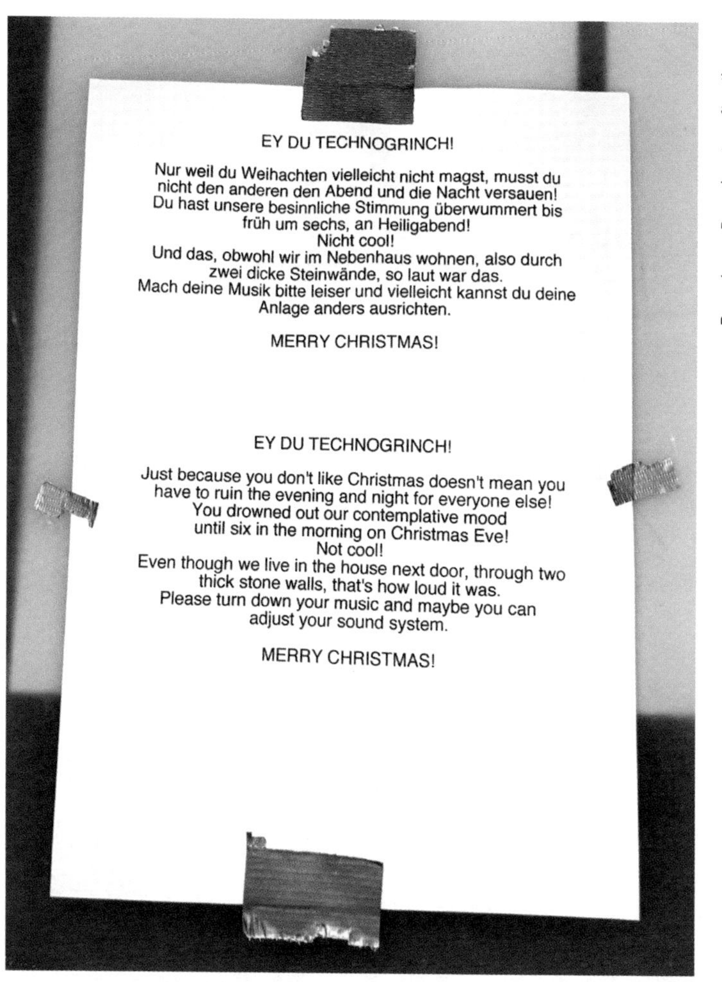

Prenzlauer Berg | notesofberlin.com

DO
25
DEZ

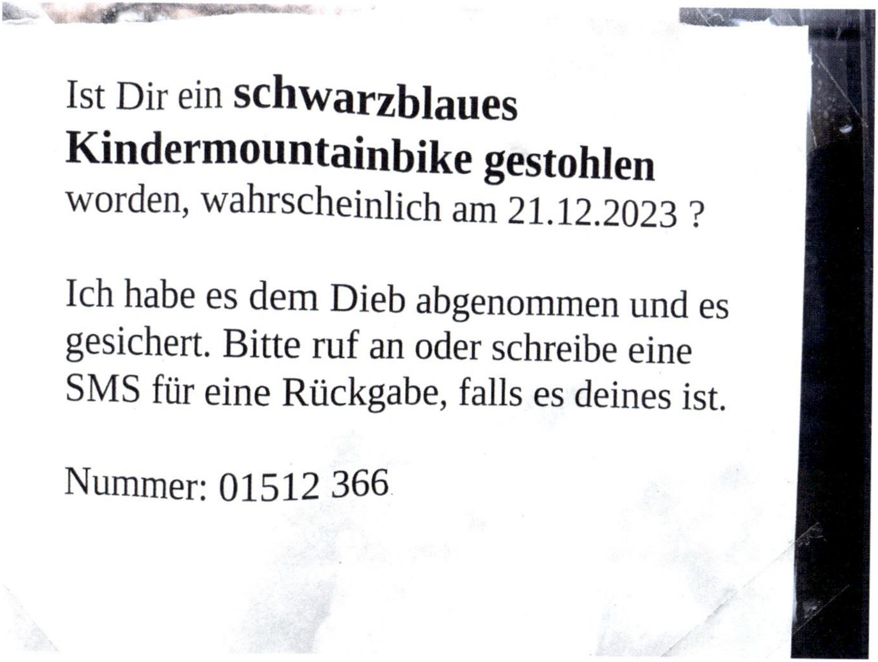

Ist Dir ein **schwarzblaues Kindermountainbike gestohlen** worden, wahrscheinlich am 21.12.2023 ?

Ich habe es dem Dieb abgenommen und es gesichert. Bitte ruf an oder schreibe eine SMS für eine Rückgabe, falls es deines ist.

Nummer: 01512 366

Albertinenstraße | Weißensee | notesofberlin.com

FR
26
DEZ

Hallo und Guten Tag,

Ich bin der Nachbar, Der Am Wochenende eine Geburtstags Party gefeiert hat.

Es tut mir leid, dass Ich so laut war, Wir im hausflur geraucht Aben und nach den Beschwirden nicht auf-gehört Aben.

Mein Mitbewuhner Herr hat nichts gemacht. Ich Entschuldige mich

Friedrichshain | notesofberlin.com

SA
27
DEZ

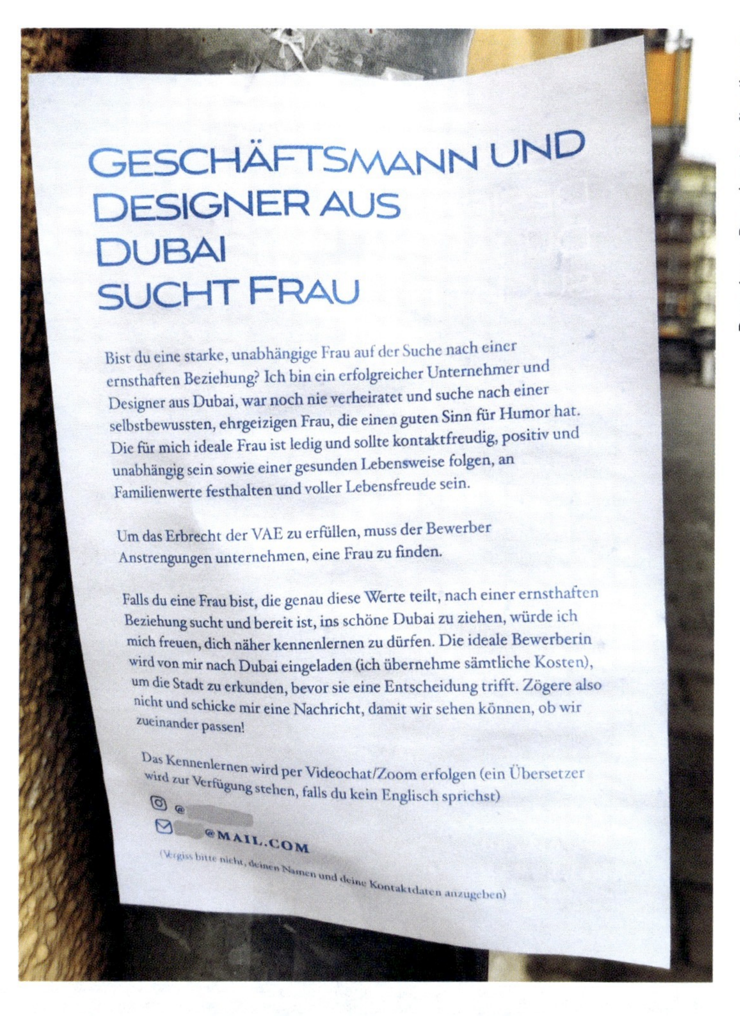

Prenzlauer Berg | notesofberlin.com

SO
28
DEZ

Weisestraße | Neukölln | notesofberlin.com

MO

29

DEZ

Schöneberg | notesofberlin.com

DI
30
DEZ

Halensee | notesofberlin.com

MI
31
DEZ

DANKE!

AN ALLE ENTDECKER

JANUAR | 1 viggor | 2 sk | 3 silke | 4 inga | 5 anonym | 6 donnie | 7 andy | 8 jj | 9 christina |10 pavlo 11 jan | 12 jo | 13 lukas | 14 sarah | 15 kassandra | 16 constanze | 17 maritch | 18 alice | 19 notes of berlin 20 nico | 21 stefan | 22 anja | 23 dirk | 24 rajat | 25 neve | 26 igor | 27 anonym | 28 kai | 29 igor92 30 anna maria | 31 luise | FEBRUAR | 1 daniel | 2 sara | 3 philip | 4 christin | 5 ulli | 6 ribizli 7 voltaire | 8 jacek | 9 mitra | 10 m. | 11 nirthak | 12 max | 13 jan | 14 kate | 15 jennifer | 16 patrick 17 elli | 18 notes of berlin | 19 jan | 20 thor | 21 lepo | 22 hasan | 23 jacky | 24 rebecca | 25 jardin 26 nina | 27 matthias | 28 mofogaja | MÄRZ | 1 dani sahne | 2 choi | 3 matthias | 4 vera | 5 maria b. 6 sydney | 7 melinski | 8 notes of berlin | 9 eddy | 10 le berlinoir | 11 bubbles | 12 sara | 13 katharina 14 mathias | 15 niclas | 16 miguel | 17 axel | 18 carlos von jennewein | 19 nora | 20 steffi | 21 alice 22 lisa | 23 kohlslav | 24 gerry | 25 jane | 26 sina | 27 polly | 28 notes of berlin | 29 kira 30 pauline | 31 hannah | APRIL | 1 victor | 2 willy | 3 elisabeth | 4 emanuel | 5 luisa | 6 rue 7 steffen | 8 machi | 9 blondie | 10 monika | 11 mathias | 12 emy | 13 elisabeth krautwurst 14 martin | 15 kaethe | 16 liska | 17 julz | 18 claudia | 19 m. | 20 heiko | 21 mary lou | 22 robert 23 chantal | 24 jonas | 25 notes of berlin | 26 hanna | 27 ryan | 28 conny | 29 schpahm | 30 joselyn MAI | 1 notes of berlin | 2 niels | 3 anonym | 4 sophie | 5 marc | 6 christian | 7 quintenmckee 8 raphael | 9 katharina | 10 corinna | 11 philipp | 12 anonym | 13 nicole | 14 juju | 15 ilker | 16 marcell 17 jacek | 18 marina | 19 jil | 20 anfy | 21 can | 22 dina | 23 cielo | 24 micha | 25 anja | 26 edda 27 rebecca | 28 romy | 29 lieselotte | 30 olly | 31 susanne | JUNI | 1 noa | 2 daniel | 3 nici 4 samira | 5 milena | 6 georg | 7 anais | 8 nele | 9 mark | 10 joju | 11 eva | 12 julia | 13 samuel 14 corinna | 15 nine | 16 sarah | 17 christoph | 18 lea | 19 maike | 20 olivia | 21 sandra | 22 heike 23 manu | 24 felix | 25 tina | 26 isabel | 27 noemi | 28 pam | 29 sophia | 30 aboudi | JULI 1 moritz | 2 iryna | 3 jelmer | 4 simon | 5 jasmin | 6 patrick | 7 victor | 8 tom | 9 isabel | 10 julia maria 11 tobi | 12 monique | 13 mori | 14 michaela | 15 thomas | 16 jannik | 17 julia | 18 lisa | 19 julia | 20 stan 21 sophia | 22 daniel | 23 hannah | 24 anonym | 25 annika | 26 evelyn | 27 jonna | 28 katja | 29 martin 30 sophie | 31 lorenz

DANKE!

AN ALLE ENTDECKER

AUGUST | 1 karla | 2 andrea | 3 lisa | 4 sophie | 5 janosch | 6 andreas | 7 freedekandesia 8 anonym | 9 jenny | 10 lenni | 11 lila | 12 smilla | 13 lydia | 14 emma | 15 birgit | 16 marc | 17 sven 18 toni | 19 cathleen | 20 masha | 21 anoynm | 22 stefan | 23 nighthawk | 24 julein | 25 matthias 26 zora | 27 christiane | 28 kateryna | 29 jasmin | 30 jana | 31 miguel | SEPTEMBER | 1 lioba 2 linda | 3 philip | 4 amadeus | 5 david | 6 daniela | 7 verena | 8 leonie | 9 marie-luise | 10 carola 11 tomas | 12 vivian | 13 rabea | 14 lisa | 15 nicole | 16 monika | 17 kirill | 18 moe | 19 fruschee 20 vinnie lovina | 21 anonym | 22 dennis | 23 christin | 24 max | 25 christoff | 26 uli | 27 wiebke 28 lilly | 29 selina | 30 milan | OKTOBER | 1 frederic | 2 miri | 3 christoph | 4 andy | 5 arno 6 martina | 7 notes of berlin | 8 chris | 9 emma | 10 markus | 11 swantje | 12 philipp | 13 malte | 14 eve 15 angelique | 16 irene | 17 anonym | 18 gav watson | 19 ursula | 20 liliana | 21 anonym | 22 piotr 23 kristin | 24 emilia | 25 nico | 26 adri | 27 david | 28 alina | 29 moritz | 30 anonym 31 oplattenbau | NOVEMBER | 1 anna | 2 anja | 3 akinoeder | 4 dana | 5 anni | 6 louisa | 7 arlene 8 who is mathewz | 9 le gus | 10 fabian | 11 ines | 12 rabia | 13 tina | 14 julia | 15 late knights 16 nils | 17 elli | 18 miss chugge | 19 felix | 20 jonas | 21 marc | 22 helga | 23 felix | 24 philipp 25 rk | 26 sanne | 27 soley | 28 hannah | 29 miriam | 30 jovana | DEZEMBER | 1 notes of berlin 2 brandy | 3 eda | 4 chris | 5 katja | 6 tobias | 7 anica | 8 kir.sti | 9 theresa | 10 marie | 11 fred 12 jessica | 13 julian | 14 justus | 15 antonia | 16 giulia | 17 patrick | 18 jens | 19 jana | 20 vera | 21 sam 22 josie | 23 luna | 24 jule | 25 lisa | 26 monika | 27 daria | 28 michail | 29 notes of berlin 30 felix | 31 berliner93

* Die Zusammentragung der Bildnachweise mit Angaben zu den Einsendern sowie der jeweiligen Fundorte erfolgte mit großer Sorgfalt. Irrtümer sind aber leider nie auszuschließen. NOTES OF BERLIN bittet um Verständnis, sollte es zu welchen gekommen sein.

IMPRESSUM

NOTES OF BERLIN 2025

Herausgeber Joab Nist, Oliver Seltmann

Zillestraße 105a, 10585 Berlin, Germany
info@seltmannpublishers.com
www.seltmannpublishers.com

Alle Abbildungen des Kalenders entstammen
den Online-Auftritten von Notes of Berlin.

Art Direction Stefan Küstner

Gesetzt in Blue Highway © Typodermic Fonts
und Ventura Edding © Josep Patau Bellart
und Comic Zine © Blue Vinyl Fonts

Gesamtproduktion Seltmann Printart

ISBN 978-3-949070-55-6